W0236937

SÜSS&HAPPY

KNAUR BALANCE

STEFANIE REEB

wellCUISINE

SÜSS & HAPPY

Wohlfühldesserts

FOTOGRAFIEN VON
THOMAS LEININGER

KNAUR
BALANCE

INHALT

VORWORT

Als Kind liebte ich Süßigkeiten. Daran hat sich bis heute nichts geändert. Bis auf einen gewaltigen Unterschied: Meine Desserts »versüßen« mir mein Leben heute tatsächlich. Sie tun mir gut, denn sie sind lecker und gesund. Es sind echte Wohlfühldesserts.

Das war nicht immer so. Als Kind war ich süchtig nach Zucker. Ich aß Kuchen, Kekse und Schokolade bis zum Abwinken. Und vermutlich würde ich immer noch wahllos Schokoriegel in mich hineinstopfen, wenn ich im Teenageralter nicht krank geworden wäre. Ich litt unter chronischen Infektionen, fühlte mich erschöpft, war schnell überfordert und hatte ständig Bauchschmerzen. Heute weiß ich, dass mein angeschlagenes Darmmilieu für meine Probleme verantwortlich war. Diese Vermutung hatte auch mein damaliger Arzt, der mir empfahl, komplett auf Zucker, Weizen und Milchprodukte zu verzichten.

Mein Leidensdruck war damals so groß, dass ich den ärztlichen Rat ernst nahm und meine Ernährung komplett umstellte. Da ich nicht ganz auf Süßes verzichten wollte, begann ich Kekse und Kuchen mit Zutaten zu backen, die mir schmeckten und gleichzeitig gesund für mich waren – ohne Zucker, vegan und weizenfrei. Ich wusste das damals nicht, aber diese ersten chaotischen und kreativen Tage in der Küche, in denen meine Begeisterung und Leidenschaft für gutes und gesundes Essen erwachte, legten die Basis für das, was mich bis heute bewegt: Rezepte, die gut schmecken und guttun – die Verbindung von Gesundheit und Genuss.

Mein Essen wurde damals zu meiner Medizin und ich innerhalb von zwei Jahren wieder ganz gesund. Heute bin ich sehr dankbar für diese Erfahrungen, denn sie haben mir gezeigt, wie Essen auf unseren Körper wirkt und wie wir ihn mit den richtigen Lebensmitteln wieder in Balance bringen können. Seitdem verging kaum ein Tag, an dem ich mich nicht mit gesunder und leckerer Ernährung beschäftigt habe. Um noch tiefer in dieses faszinierende Thema einzusteigen, machte ich in der Schweiz eine Ausbildung zur ganzheitlichen Ernährungs- und Gesundheitsberaterin. Zusammen mit meinem Mann gründete ich unsere Ernährungs- und Lifestyle-Marke Wellcuisine, in der Gesundheit und Genuss eine sinnliche und wilde Ehe eingehen, die Körper und Seele gleichermaßen glücklich macht.

Mit Wellcuisine möchte ich dich dazu inspirieren, gesund und lecker zu genießen und dich dabei rundum wohlzufühlen – mit vitalstoffreichem Essen und gesunden Wohlfühldesserts, die dir dein Leben auf allen Ebenen versüßen.

SÜSS&HAPPY

Da du diesen Text liest, gehe ich davon aus, dass du genauso gerne Desserts isst wie ich. Du liebst eine gute Mousse au Chocolat und sagst bestimmt nicht Nein zu einem Stück Zitronentarte. Aber vermutlich hat deine Liebe zu Süßem auch die ein oder andere Schattenseite. So hast du dich bestimmt schon mal gefragt, ob ein Dessert »jetzt wirklich nötig« ist, oder du hast dir deiner Gesundheit zuliebe den Appetit auf Süßes versagt. Vielleicht hast du deinen Nachtisch auch trotzdem gegessen und später ein schlechtes Gewissen gehabt. Denn seien wir ehrlich: Es ist gar nicht so einfach, sein Dessert zu essen und sich rundum gut dabei zu fühlen. Denn Desserts gehören nun mal – meist zu Recht – einfach nicht zu der Art von Essen, die allgemein als gesund bezeichnet wird. Wir haben also Lust auf Süßes, fühlen uns aber schlecht, wenn wir ihr nachgeben.

Dieses Dilemma möchte ich mit diesem Buch gerne für dich lösen. Denn was wäre die Welt ohne Desserts? Ein fader und lustfeindlicher Ort! Schon die bekannte Kochbuchautorin Julia Child hat gesagt: »Eine Party ohne Kuchen ist nur ein Meeting.« Natürlich muss kein Mensch Kuchen essen, um zu überleben. Süßes ist unnütz, es dient ganz allein dem Genuss und der Freude. Und gerade deshalb ist es so wichtig für uns. Manchmal essen wir etwas Süßes, weil wir etwas zu feiern haben. Oder wir backen uns einen leckeren Keks, weil er uns gute Laune macht. Wir bringen unserer Freundin, die Liebeskummer hat, ein paar Brownies nach Hause, trinken dazu ein Glas Rotwein und finden, dass die Welt schon wieder viel besser aussieht. Oder wir überraschen unseren Liebsten mit einem selbst gemachten Tiramisu.

Mit Desserts feiern wir das Leben. Nur sollten wir es ab jetzt so feiern, dass auch unser Körper von der Party profitiert und wir uns selbst am Tag danach noch großartig fühlen. Denn schließlich sind Desserts ja nicht ohne Grund in Verruf geraten, enthalten sie doch in der Regel jede Menge leere Kalorien, die unserem Körper nichts geben und ihn gleichzeitig viel Energie kosten.

Ich finde, wir sollten nicht auf unsere Desserts verzichten, sondern sie mit anderen, gesünderen Zutaten zubereiten. Mit Zutaten, die blutzuckerfreundlich, natürlich und weniger stark verarbeitet sind. Mit veganen Zutaten, die den Körper entlasten, da sie leichter verdaut werden.

Schmecken gesündere Desserts weniger gut als herkömmliche und müssen wir sie uns schönreden, weil sie vernünftiger sind? Nein! Ich bin ein absoluter Genussmensch, und ich verspreche dir, dass gesunde Desserts viel besser und interessanter schmecken als die oft viel zu süßen und langweiligen Desserts, die man überall bekommt. Ich garantiere dir, dass du nichts vermissen wirst außer dem schlechten Körpergefühl, das sich nach dem Genuss herkömmlicher Süßspeisen gerne einstellt.

Und was gehört noch zu einer guten Party außer einem leckeren und gesunden Dessert? Ja richtig: die Fähigkeit zu genießen! Denn tatsächlich möchte ich nicht den sinnlosen Genuss von Süßem propagieren. Ganz im Gegenteil: Ich glaube fest daran, dass wir uns mit selbst gemachten Süßigkeiten aus guten Zutaten, die wir in normalen Portionen bewusst genießen, etwas Gutes tun. Stopfen wir allerdings Süßes (ob gesund oder nicht) wahllos in uns hinein, behandeln wir uns schlecht und schaden unserem Körper. Deshalb ist »Mindfulness« in meinen Augen eine ganz wichtige Zutat beim Zubereiten und Genießen von Desserts. Denn wenn wir mindful (oder achtsam) sind, werden alle unsere Sinne in den Prozess integriert. Wir spüren die Konsistenz der Zutaten, wir schnuppern an den Gewürzen, wir hören das Knuspern von Gebackenem, und wir schmecken die Komplexität eines Aromas. Erst das bewusste Genießen macht ein gutes Dessert zu einem grandiosen Dessert und befriedigt uns auf einer tieferen Ebene.

Süßes macht happy, wenn wir es mit Sorgfalt und guten Zutaten selbst herstellen und bewusst genießen. Davon handelt dieses Buch. Es ist ein Buch mit 60 Rezepten, die dich durch verschiedene Situationen deines Alltags begleiten. Im Kapitel »Nur für mich« findest du Rezepte für die Momente, in denen du allein zu Hause bist und Lust auf ein kleines Dessert hast. In »Für uns beide« gebe ich dir Anregungen für leckere Süßigkeiten, mit denen du deinen Partner und dich selbst verwöhnen kannst. Und wenn Freunde oder Familie zu Besuch kommen, findest du im Kapitel »Für alle« die passenden Rezepte, die auch größere Runden glücklich machen. Für die nostalgischen Momente im Leben zeige ich dir im Kapitel »Für immer«, wie du lieb gewonnene Dessertklassiker gesünder auf den Tisch bringst. Und für Tage, an denen du wenig Zeit hast, findest du in »Für Last Minute« blitzschnelle Desserts, die du auch noch im letzten Moment zubereiten kannst.

Ich hoffe, dass dir dieses Buch ein guter Freund sein wird und du es mit vielen Teig- und Fettflecken und dem ein oder anderen Eselsohr verschönern wirst. Mich hat es glücklich gemacht, dieses Buch zu schreiben. Und ich hoffe, dass es dich glücklich machen wird beim Lesen, Blättern und vor allem beim Zubereiten und Genießen der Rezepte.

Ich wünsche dir viel Spaß, Mindfulness und Liebe bei allem, was du tust.

Bleib süß&happy!
Deine Stefanie

DIE WELLCUISINE DESSERT-PHILOSOPHIE

Obwohl ich auf meinem Blog und in meinen Büchern sowohl süße als auch herzhafte Rezepte vorstelle, kommen die euphorischsten Rückmeldungen meist zu den süßen. Der Grund dafür ist leicht erklärt: So gut wie jeder liebt Desserts, und nur wenige wissen, wie man sie gesünder zubereitet. Durch die letzten 20 Jahre, in denen ich nun schon gesunde Süßigkeiten kreiere, hat sich meine Philosophie entwickelt, der ich vor einigen Jahren zusammen mit meinem Mann einen Namen gab: Wellcuisine. Wellcuisine steht für die Verbindung von Gesundheit und Genuss und für Rezepte, die jeden gesundheitsbewussten Feinschmecker glücklich machen. Das sind unsere Prinzipien:

NATÜRLICH GUT

Wellcuisine-Rezepte bestehen aus möglichst puren und naturbelassenen Zutaten. Wir verwenden keinen weißen Zucker, kein Weißmehl und haben uns auf vegane Desserts spezialisiert, die besser verträglich und schonender für Tiere und Umwelt sind.

SUPER GESUND

Bei unseren Desserts achten wir darauf, dass wir Süßungsmittel benutzen, die den Blutzuckerspiegel weniger stark ansteigen lassen als herkömmlicher Zucker und die zu einer entzündungshemmenden Ernährungsweise passen. Wir nehmen Rücksicht auf Allergiker und kreieren alle Rezepte ohne Eier, Laktose und Weizen. 99 Prozent unserer Rezepte können glutenfrei zubereitet werden.

HIMMLISCH LECKER

Wir legen großen Wert darauf, dass unsere Desserts so gesund wie möglich sind. Genauso wichtig ist uns aber der himmlische Geschmack. Schließlich isst man Desserts nicht aus Vernunft, sondern weil man Lust darauf hat. Und diese Lust soll ganz und gar befriedigt werden.

EINFACH BESONDERS

Wellcuisine-Desserts sind einfach umzusetzen. Ihre besondere Note bekommen sie nicht durch komplizierte Zubereitungsmethoden, sondern durch ihren fein abgestimmten Geschmack, an dem wir bei jedem Rezept so lange arbeiten, bis wir ihn perfekt finden.

Du hast Lust auf noch mehr Wellcuisine-Rezepte? Dann schau doch mal auf meinem Blog **www.wellcuisine.net** vorbei. Dort findest du wöchentlich neue Inspirationen für ein gesundes und genussvolles Leben.

MEINE ZUTATEN

Mit ein paar Basics im Küchenschrank lassen sich gesunde Desserts noch schneller und unkomplizierter zubereiten. Das sind die Zutaten, die du am besten zu Hause haben solltest:

SÜSSUNGSMITTEL

AHORNSIRUP, GRAD A ODER C

Ahornsirup ist mein liebstes Süßungsmittel, da er recht geschmacksneutral ist und sich gut mit Teig oder Cremes verbindet. Grad A bezeichnet den helleren und milderen Ahornsirup. Grad C enthält dafür etwas mehr Mineralstoffe.

KOKOSBLÜTENZUCKER UND -SIRUP

Kokosblütenzucker hat einen karamellartigen Geschmack und eine dunkelbraune Farbe. Ich verwende ihn gerne da, wo ich mir eine deutliche Karamellnote wünsche. Ich habe immer den kristallinen Kokosblütenzucker und den flüssigen Sirup zu Hause.

MEDJOOL-DATTELN

Medjool-Datteln sind nicht immer so einfach zu bekommen, deshalb schlage lieber zu, wenn sie gerade im Angebot sind. In der Regel bekommst du sie im türkischen Lebensmittelladen, im Biosupermarkt oder online. Sie halten sich gut verschlossen mehrere Monate und eignen sich perfekt zum Süßen von Cremes oder rohen Kuchenböden.

MEHL

DINKELMEHL, TYPE 1050

Für Kuchen und Gebäck verwende ich gerne Dinkelmehl im mittleren Mahlgrad. Wer lieber Dinkelvollkornmehl verwendet, kann das tun, wird aber einen etwas festeren Teig erhalten.

MEINE GLUTENFREIE MEHLMISCHUNG

Da mein Mann an Zöliakie leidet, steht bei uns immer ein großes Schraubglas mit meiner eigenen glutenfreien Mehlmischung in der Küche. Wenn du ebenfalls glutenfrei backen möchtest, mische dir am besten gleich eine ordentliche Menge an, auf die du dann spontan zurückgreifen kannst. Das Rezept findest du auf S. 164.

GEMAHLENE MANDELN

Gemahlene Mandeln findest du in vielen meiner Rezepte. Deshalb lohnt es sich, eine ausreichende Menge davon zu Hause zu haben, wenn du das ein oder andere Dessert aus diesem Buch ausprobieren möchtest. Wer eine Nussallergie hat, kann auf gemahlene Erdmandeln zurückgreifen, die nicht zur Familie der Nüsse gehören und von Allergikern in der Regel gut vertragen werden.

BINDE- UND BACKTRIEBMITTEL

TAPIOKASTÄRKE

Tapiokastärke ist die pudrig gemahlene Stärke aus der Wurzel des Maniokbaums. Nicht zu verwechseln mit Tapiokaperlen, die man für den Bubble Tea verwendet. Tapiokastärke findet man im gut sortierten Bioladen, im Asialaden oder im Internet.

MAISSTÄRKE

Maisstärke wird auf der Verpackung auch oft als Speisestärke bezeichnet. Ich kaufe sie immer in Bioqualität und verwende sie gern für Puddings und Cremes.

CHIASAMEN

Chiasamen lassen sich sowohl im Ganzen, z. B. für Puddings, verwenden als auch gemahlen für die Bindung von Teig. Wer einen Häcksler zu Hause hat, kann die Chiasamen blitzschnell selber mahlen. Andere kaufen gleich gemahlene Chiasamen oder Chiamehl im Bioladen.

GESCHROTETE LEINSAMEN

Geschrotete Leinsamen bringen nicht nur Bindung ins Gebäck, sie sind auch ein echter Magenschmeichler, wenn man morgens 1 Teelöffel davon in ein Glas warmes Wasser rührt und 20 Minuten später isst (und das Einweichwasser trinkt).

WEINSTEIN-BACKPULVER

Weinstein-Backpulver enthält, wie der Name schon sagt, Weinstein, der bei der Herstellung von Wein entsteht. Es hat gegenüber normalem Backpulver den Vorteil, dass es kein pelziges Gefühl auf der Zunge erzeugt. Weinstein-Backpulver kann man in jedem Bioladen kaufen.

UNGESÜSSTES APFELMUS

Ungesüßtes Apfelmus wird auch als Apfelmark bezeichnet. Es ersetzt beim veganen Backen die Eier und verleiht dem Teig eine angenehme Saftigkeit. Drei Esslöffel Apfelmus ersetzen ca. 1 Ei.

KICHERERBSEN IM GLAS

Aquafaba ist das Wasser, in dem Kichererbsen im Glas eingeweicht sind. Es kann wie Eischnee aufgeschlagen werden und gibt Kuchen, Baisers oder Mousse au Chocolat eine luftige Konsistenz.

FETT

KOKOSÖL

In meinen Rezepten benutze ich natives Kokosöl. Wer den Kokosgeschmack nicht mag, tauscht es durch geschmacksneutrales Kokosfett in Bioqualität aus.

PFLANZLICHE MILCH

UNGESÜSSTE MANDELMILCH

Mandelmilch ist mein Milchersatz der Wahl. Alternativ kannst du in meinen Rezepten die Mandelmilch durch Soja-, Hafer- oder Cashewmilch ersetzen. Du kannst Mandelmilch übrigens auch selbst herstellen (siehe S. 166).

KOKOSMILCH

Kokosmilch aus der Dose und mit vollem Fettgehalt ist eine tolle Zutat für gesunde Desserts. In manchen Rezepten verwende ich auch nur den festen Anteil der Milch. Deshalb solltest du beim Kauf der Kokosmilch darauf achten, dass außer Kokos und Wasser keine weiteren Zutaten angegeben sind. Dann setzt sich der fettige Anteil der Milch bei Raumtemperatur automatisch oben ab.

NUSSMUS

CASHEWMUS

Cashewmus findest du im gut sortierten Bioladen oder im Drogeriemarkt mit Biosortiment. Ich verwende es gern für Saucen und Cremes. Es kann in meinen Rezepten durch Mandelmus ausgetauscht werden.

WEISSES MANDELMUS

Mandelmus verwende ich zum Beispiel für meine leckere vegane Vanillesauce (siehe S. 114). Es kann durch das oft etwas kostengünstigere Cashewmus ausgetauscht werden.

SCHOKOLADE UND KAKAO

KAKAOPULVER

Ungesüßtes Kakaopulver sollte in keinem Vorratsschrank fehlen. Wer sich was besonders Gutes tun möchte, kauft rohes Kakaopulver, das so schonend verarbeitet wurde, dass sich noch alle gesunden Vitalstoffe des Kakaos darin befinden – unter anderem Magnesium und Antioxidantien, die unsere Zellen schützen.

ZARTBITTERSCHOKOLADE

Zartbitterschokolade kann man zwar auch selber machen (siehe S. 164), in Backrezepten funktioniert fertig gekaufte Schokolade aber oft besser, da sie weniger flüssig wird beim Schmelzen und so leichter verarbeitet werden kann. Wer auf weißen Zucker verzichten möchte, verwendet eine Schokolade, die mit Kokosblütenzucker oder Birkenzucker/Xylit gesüßt ist.

AROMEN, GEWÜRZE UND SALZ

UNBEHANDELTE ZITRONEN

Die abgeriebene Schale von unbehandelten Zitronen gibt Desserts eine wunderbar frische Note. Vor dem Abreiben heiß abspülen und abtrocknen.

CEYLON-ZIMT

Zimt ist nicht nur zur Weihnachtszeit ein tolles Dessertgewürz. Da Zimt den Stoff Cumarin enthält, der in größeren Mengen gesundheitsschädlich sein kann, sollte Ceylon-Zimt gekauft werden, der einen geringeren Anteil dieses Stoffes enthält.

KARDAMOM

Kardamom bringt den Geschmack des Orients mit und verleiht süßen Rezepten ein ganz spezielles Aroma. Für Desserts verwende ich gern gemahlenen Kardamom.

KURKUMA

Gemahlene Kurkuma mit ihrer leuchtend gelben Farbe eignet sich in der veganen Dessertküche gut für Zitrusgerichte, um deren strahlende Farbe zu unterstreichen.

VANILLEEXTRAKT

Vanille gibt dem ein oder anderen Dessert sein ganz unverwechselbares Aroma. Natürlichen Vanilleextrakt muss man allerdings oft lange suchen. Im gut sortierten Bioladen oder im Internet wird man dann fündig. Oder man bereitet ihn gleich selber zu (siehe S. 165).

HIMALAYASALZ

Eine kleine Prise Salz unterstreicht die Süße eines Desserts und macht seinen Geschmack komplexer. Ich bin ein großer Fan von Himalayasalz und benutze seit Jahren kein anderes mehr. Es sieht durch seine rosa Farbe nicht nur schön aus, sondern ist auch ein naturbelassenes, mildes Salz, das sich in kleinen Mengen fantastisch für süße Rezepte eignet. Da es im Unterschied zu Kochsalz noch seine komplette Mineralstoffstruktur enthält, ist es auch ein viel gesünderes Salz, das dem Körper weitaus weniger Stress bereitet als reguläres Tafelsalz.

KÜCHENZUBEHÖR

Ein paar gute Küchengeräte sind die perfekte Investition in deine Gesundheit. Denn sie machen die Zubereitung gesunder Desserts zu einem Kinderspiel:

STANDMIXER

Ein guter Standmixer mit mindestens 800 Watt Leistung zu einem Preis von ungefähr 80 bis 100 Euro ist alles, was du brauchst, um in der gesunden Küche durchzustarten. Ich benutze meinen Mixer täglich für die Zubereitung von Cremes, (süßen) Suppen und für Smoothies.

HÄCKSLER

Mit einem Häcksler kannst du Nüsse, Kerne oder Chiasamen zu Mehl verarbeiten oder Cremes mit festeren Konsistenzen problemlos pürieren.

DIGITALE KÜCHENWAAGE

In der gesunden Dessertküche muss genau gearbeitet werden, weil sonst die Konsistenzen nicht so werden, wie sie sein sollen. Deshalb muss eine digitale Küchenwaage her. Sie kostet in der Regel nicht viel mehr als 20 Euro und ist für dein nächstes Dessert ein echter Lebensretter.

MESSBECHER

Der Messbecher ist neben der Küchenwaage der beste Freund des gesunden Dessertmeisters. Er ist schlicht und einfach unerlässlich, um Flüssigkeiten genau abzumessen.

BACKFORMEN

Für meine Rezepte brauchst du maximal 6 verschiedene Backformen, und du wirst für immer glücklich sein: eine 26-cm- und eine 17-cm-Springform, eine eckige Backform (ca. 28 × 20 cm), eine Muffinform mit passenden Papierförmchen, eine Madeleine-Form und ca. 6 kleine Ofenförmchen aus Keramik (Ramequins).

PINSEL

Mit meinem Pinsel bestreiche ich gern frisch gebackene Kuchen mit glänzendem Ahornsirup.

TIMER

Ich spreche aus eigener leidvoller Erfahrung, wenn ich dir hiermit Folgendes ans Herz lege: Benutze beim Backen IMMER einen Timer. Die Timing-Funktion deines Handys eignet sich perfekt dafür. Also nicht vergessen: Timer stellen!

Nur für mich

Wer kennt sie nicht, diese Momente am Nachmittag oder Abend, wenn die Lust auf eine kleine Süßigkeit übermächtig wird? Anstatt in den nächsten Laden zu sprinten und einen Schokoriegel mit viel zu viel Zucker zu kaufen, lohnt es sich, eine gesündere Süßigkeit für genau diese Momente bereitzuhalten. Und weil du nicht immer so viel Zeit hast, für einen kleinen Snack ewig in der Küche zu stehen, bereitest du dir am besten einen Nachtisch zu, den du gut aufbewahren oder einfrieren kannst. So ist immer eine gesündere Alternative im Haus, wenn der Süßhunger kommt.

SCHOKO-NUSS-CHEESECAKES

Glutenfrei | Zeitaufwand: ca. 40 Minuten plus mindestens 6 Stunden Wartezeit

Wenn ich weiß, dass ich ein paar dieser kleinen Schoko-Nuss-Cheesecakes im Tiefkühler habe, bin ich beruhigt, denn dann steht einer köstlichen Tea Time nichts mehr im Weg. Ich lasse einen der Cheesecakes 20 Minuten bei Zimmertemperatur antauen, mache mir eine gute Tasse Tee dazu, und der Nachmittag ist gerettet.

Die Cashewkerne für die Schoko-Nuss-Creme entweder 4 Stunden in kaltem Wasser einweichen oder 10 Minuten in Wasser kochen, abgießen und komplett abkühlen lassen. Anschließend in einem Sieb mit frischem Wasser abspülen und abtropfen lassen. Zusammen mit den anderen Creme-Zutaten im Standmixer 2–3 Minuten auf höchster Stufe fein pürieren.

Die Haselnüsse für den Boden im Häcksler grob zerkleinern. Mit den übrigen Bodenzutaten in der Maschine zu einem stückigen Teig verarbeiten.

Eine 12er-Muffinform aus Silikon verwenden oder eine reguläre Muffinform mit passenden Papierförmchen auskleiden. Den Teig für den Boden gleichmäßig auf die Mulden verteilen und mit den Händen andrücken. Die Creme auf den Boden geben und das Ganze mindestens 6 Stunden tiefkühlen.

Die Törtchen aus dem Tiefkühler nehmen und aus der Muffinform lösen (wenn Papierförmchen benutzt wurden, diese vorsichtig entfernen).

Für die Deko geschmolzenes Kokosöl, Ahornsirup und Kakaopulver glatt vermischen. Eine Gabel in die Flüssigkeit tauchen und die Törtchen damit beträufeln. Mit gehackten Haselnüssen dekorieren.

Im Tiefkühler aufbewahren und 20 Minuten vor dem Verzehr bei Zimmertemperatur antauen lassen.

Für 12 Stück:

Für die Schoko-Nuss-Creme:
250 g Cashewkerne
100 g natives Kokosöl, geschmolzen
100 ml ungesüßte Mandelmilch
80 ml Ahornsirup, Grad A oder C
2 EL Haselnussmus
50 g ungesüßtes Kakaopulver
1/4 TL Salz

Für den Boden:
180 g geröstete Haselnüsse
120 g Medjool-Datteln, entkernt und in grobe Stücke geschnitten
2 EL frisch gepresster Zitronensaft
1/2 EL natives Kokosöl, geschmolzen
1/2 EL Ahornsirup, Grad A oder C
1/4 TL Salz

Für die Deko:
3 EL natives Kokosöl, geschmolzen
3 EL Ahornsirup, Grad A oder C
3 EL ungesüßtes Kakaopulver
3 EL geröstete Haselnüsse, grob gehackt

KARDAMOMSCHOKOLADE MIT PISTAZIEN UND ROSENBLÜTEN

Glutenfrei | Zeitaufwand: ca. 20 Minuten plus ca. 1 Stunde Wartezeit

Diese dünnen Schokoladenplättchen schmelzen sofort im Mund und hinterlassen diesen feinen Geschmack nach Kardamom, der nicht nur lecker ist, sondern auch die Verdauung anregt und den Magen beruhigt. In Kombination mit gerösteten Pistazien und getrockneten Rosenblüten schmeckt diese Schokolade wie aus Tausendundeiner Nacht.

Für ca. 16 Schokoladenplättchen:

20 g Pistazien
60 g Kakaobutter
40 g weißes Mandelmus
1 EL ungesüßtes Kakaopulver
2 EL Ahornsirup, Grad A oder C
1 Prise Salz
1 TL gemahlener Kardamom
ca. 1/3 TL getrocknete Rosenblätter (Rosenblättertee)

Die Pistazien in einer Pfanne ohne Fett leicht anrösten.

Die Kakaobutter im Wasserbad schmelzen. Mit Mandelmus, Kakaopulver, Ahornsirup, Salz und Kardamom vermischen.

Die Schokolade auf ein mit Backpapier ausgelegtes Backblech gießen.

Die Pistazien gleichmäßig auf der Oberfläche verteilen und zwischendurch einzelne Rosenblätter platzieren. Die Schokolade aushärten lassen.

Die Schokolade in Rechtecke schneiden. Da sie schnell schmilzt, sollte sie in einem luftdicht verschlossenen Gefäß im Kühlschrank aufbewahrt werden.

FOOD PHARMACY **KARDAMOM**

Kardamom enthält ätherische Öle, die viele gesundheitliche Vorteile haben. In erster Linie beruhigt er den Magen-Darm-Bereich, regt die Verdauung an und lindert Blähungen. Eine ganze Kardamomkapsel kann gekaut werden, um Mundgeruch vorzubeugen oder zu beseitigen. Da Kardamom eine kühlende Wirkung hat, wird Frauen in der Menopause empfohlen, beim Aufkommen einer Hitzewallung eine Kardamomkapsel zu kauen.

MANGO-JOGHURT-MOUSSE

Glutenfrei | Zeitaufwand: ca. 15 Minuten

Dieser Nachtisch macht kaum Mühe und dafür ordentlich was her. Denn so ein Schichtdessert sieht edel aus, und die Kombination aus süßer Mango und säuerlichem Joghurt ist richtig lecker. Am besten gleich zwei Portionen zubereiten und die zweite für den nächsten Nachmittag im Kühlschrank aufbewahren!

Für 2 Portionen:

Für die Mangomousse:
1 große Mango
1 EL frisch gepresster Zitronensaft
1 EL Ahornsirup, Grad A oder C (optional)

Für den Joghurt:
200 g dickflüssiger Naturjoghurt (z. B. Kokos- oder Sojajoghurt)
2 EL Ahornsirup, Grad A oder C
abgeriebene Schale von 1/2 unbehandelten Zitrone

Für die Mangomousse die Mango schälen und das Fruchtfleisch würfeln. Zitronensaft hinzufügen und mit dem Pürierstab oder im Häcksler cremig pürieren. Je nach Süße der Mango bei Bedarf mit Ahornsirup süßen.

Den Joghurt mit Ahornsirup und abgeriebener Zitronenschale vermischen.

In zwei Gläsern abwechselnd Joghurt und Mangomousse schichten. Mit Mangomousse abschließen.

FOOD PHARMACY **MANGO**

Die Mango ist die »Königsfrucht« des Ayurveda, was einerseits an ihrer spirituellen Bedeutung liegt (siehe S. 144) und andererseits an ihrer großen Bandbreite an Heilwirkungen. Reife Mangos harmonisieren alle Konstitutionen (im Ayurveda »doshas«) und wirken energetisierend. Ein Forscherteam von der Jiangnan University in China untersuchte die einzelnen Wirkstoffe der Mango und stellte zahlreiche Heilwirkungen fest. Die interessanteste Erkenntnis war allerdings, dass ihre sekundären Pflanzenstoffe so harmonisch zusammenwirken, dass ihre Heilkraft viel höher ist, als es die Gesamtheit ihrer Stoffe vermuten lassen würde. So funktioniert eben nur die Natur: Das Ganze ist immer mehr als die Summe seiner Einzelteile.

SCHOKO-MADELEINES

Optional glutenfrei | Zeitaufwand: ca. 20 Minuten plus 15 Minuten Wartezeit

Auf unseren Koch- und Yoga-Retreats auf Mallorca gibt es jeden Nachmittag eine kleine selbst gemachte Süßigkeit zum Tee oder Kaffee. Und hier habe ich auch diese Madeleines das erste Mal serviert. Weil sie so saftig und schokoladig sind, waren sie einer der absoluten Lieblinge unserer Teilnehmer.

Für ca. 18 Stück:

Für den Teig:
100 g Dinkelmehl, Type 1050 (alternativ: meine glutenfreie Mehlmischung, siehe S. 164)
50 g gemahlene Mandeln
20 g ungesüßtes Kakaopulver
2 TL Weinstein-Backpulver
1/3 TL Salz
80 g natives Kokosöl, geschmolzen, plus etwas mehr für die Form
180 g ungesüßtes Apfelmus
50 ml Ahornsirup, Grad A oder C
50 g Zartbitterschokolade, grob gehackt

Zum Bestreuen:
1/2 EL Birkenpuderzucker (siehe S. 164)

Den Backofen auf 180 °C Ober- und Unterhitze vorheizen.

Alle Zutaten für den Teig glatt vermischen.

Eine Madeleine-Backform mit Kokosöl ausreiben (außer es handelt sich um eine Silikonform, dann nur kurz mit Wasser ausspülen). Den Teig in die Madeleine-Mulden füllen und etwa 15 Minuten backen (die Backzeit kann je nach Größe der Mulden etwas variieren).

Die Madeleines ca. 10 Minuten in der Form abkühlen lassen, dann vorsichtig aus den Mulden lösen und auf einem Kuchengitter vollständig abkühlen lassen. Mit Birkenpuderzucker bestäubt servieren.

WELLCUISINE-TIPP: Die Madeleines können gut tiefgefroren werden. Zum Auftauen mindestens 2 Stunden bei Zimmertemperatur auf ein Gitter legen, dann leicht mit Wasser befeuchten und bei 180 °C Ober- und Unterhitze ca. 3 Minuten aufbacken.

FUN FACT **MADELEINES**
Die Legende sagt, dass Madeleines das erste Mal im Jahr 1755 anlässlich eines Empfangs von Stanislaus I. Leszczyński, dem König von Polen und Herzog von Lothringen, in der Stadt Commercy serviert wurden. Es war wohl zu einem Streit mit dem Koch gekommen, jedenfalls verschwand dieser, ohne einen Nachtisch vorbereitet zu haben. In der Not wurde das Dienstmädchen gerufen, das einen Teig, den es oft mit seiner Großmutter zubereitet hatte, in Jakobsmuschelschalen buk und so ein ganz neues Gebäck mit einer interessanten Form schuf. Da die Dienstmagd Madeleine hieß, war der Name des leckeren Gebäcks fortan gesetzt.

FRÜCHTE MIT KARAMELLSAUCE

Glutenfrei | Zeitaufwand: ca. 10 Minuten plus 2 Stunden Wartezeit

Früchte, die in Karamellsauce gedippt und frisch gegessen werden ... gibt es was Besseres? Du kannst für dieses Dessert jede Art von Früchten verwenden. Meine Testesser und ich waren uns allerdings einig, dass Bananen und Karamell die absolute Traumkombination sind.

Für ca. 200 ml Sauce
(reicht für ca. 4 Snackportionen):

100 g Cashewmus
4 EL Kokosblütensirup
1/4 TL Salz
100 ml heißes Wasser
2 EL natives Kokosöl, geschmolzen
mundgerecht geschnittene Stücke von Banane, Apfel, Birne, Erdbeere (oder auch Pfirsich, Nektarine, Aprikose etc.)

Cashewmus, Kokosblütensirup und Salz in einer Schüssel vermischen. Heißes Wasser langsam und unter Rühren untermischen, bis eine cremige Konsistenz entsteht. Geschmolzenes Kokosöl unterrühren. In einem verschließbaren Gefäß 2 Stunden kühl stellen, bis eine sämige Konsistenz erreicht ist.

Die geschnittenen Früchte auf einem Teller anrichten, ca. 1/4 der Karamellsauce in ein kleines Schälchen füllen und nach Lust und Laune die Früchte in die Sauce dippen und genießen.

Die Karamellsauce hält sich gut verschlossen im Kühlschrank ca. 1 Woche.

FOOD PHARMACY **KOKOSBLÜTENSIRUP**

Kokosblütensirup ist, wie der Name schon sagt, ein Produkt aus der Kokosblüte. Dafür werden die Blütenstände von Kokospalmen angezapft – jedoch immer nur so weit, dass der Baum noch genügend Ressourcen hat, um weiterhin Kokosnüsse wachsen zu lassen. Der gewonnene Saft wird zu einem dunkelbraunen Sirup eingekocht: dem Kokosblütensirup. Dieser schmeckt übrigens nicht nach Kokos, sondern nach Karamell, was ihn für Rezepte, die genau diesen Geschmack ansteuern, ganz besonders attraktiv macht. Kokosblütensirup verfügt über eine Vielzahl an Mineralstoffen und ist besonders blutzuckerfreundlich.

SCHOKO-PFLAUMEN

Glutenfrei | Zeitaufwand: ca. 20 Minuten plus 30 Minuten Wartezeit

Dies ist eins dieser dankbaren Rezepte, die supereinfach herzustellen sind und von allen, die probieren dürfen, nichts als »Ohs« und »Ahs« ernten, weil sie sooo gut sind. Wenn ich Schoko-Pflaumen im Haus habe, dann ist das Dessert geritzt, egal ob es nur für mich oder eine größere Gruppe an Freunden ist.

Für 20 Stück:

50 g Zartbitterschokolade
1/2 TL Zimt
1/2 TL gemahlener Kardamom
20 getrocknete Soft-Pflaumen ohne Kern
1 EL Pistazien

Die Schokolade im Wasserbad schmelzen und mit Zimt und Kardamom glatt verrühren.

Die Pflaumen in den Topf mit der Schokolade geben und mithilfe einer Gabel in der Schokolade wälzen, bis sie rundum mit Schokolade bedeckt sind.

Ein Backblech mit Backpapier auslegen und die Pflaumen darauflegen.

Pistazien in einer Pfanne ohne Fett kurz anrösten, dann hacken. Die Schokoladenpflaumen damit bestreuen. Die Pflaumen kühl stellen, bis die Schokolade fest geworden ist.

WELLCUISINE-TIPP: Für ein intensiveres Aroma können die Pflaumen auch 2 Stunden in braunem Rum eingeweicht werden. Mit Küchenpapier komplett trocken tupfen und anschließend in der Schokolade wälzen.

FOOD PHARMACY **PFLAUMEN**

Pflaumen fördern sowohl im frischen wie im gedörrten Zustand die Verdauung und wirken gegen Verstopfung. Diese verdauungsfördernde Wirkung ist unter anderem auf die Pektine und die Zellulose zurückzuführen, die als Ballaststoffe eine starke Quellfähigkeit aufweisen und so einen Reiz auf den Darm ausüben und die Verdauung stimulieren. Außerdem helfen die Pektine dabei, Schwermetalle zu entgiften und den Cholesterinspiegel zu senken.

»Kochen ist wie die Liebe. Entweder du lässt dich ganz darauf ein oder du lässt es gleich bleiben.«

Harriet Van Horne, Journalistin

LIEBE DEIN ESSEN

Ich liebe mein Essen. Wenn ich allein in meiner Küche stehe und ein Rezept teste, mit dem ich richtig zufrieden bin, dann kommt es vor, dass ich kleine Freudentänze mache oder in bester italienischer Manier mit den Händen gestikuliere und dabei unbestimmte Laute des Wohlgefühls ausstoße. So gut schmeckt es mir. Mein Essen und ich sind heute die besten Freunde. Vielleicht sind wir auch ein Liebespaar. Jedenfalls macht mich mein Essen glücklich. Es ist für mich kein Ersatz, ich esse nicht aus Langeweile oder aus Frust, sondern einfach, weil ich es liebe. Das war nicht immer so. Als es mir vor etlichen Jahren gesundheitlich schlecht ging und ich meine Ernährung komplett umstellen musste, wurde Essen anstrengend für mich. Ich war extrem diszipliniert und befolgte sehr streng gewisse Ernährungsvorschriften. Diese Disziplin erfüllte zu jenem Zeitpunkt auch ihren Zweck und half mir dabei, meinen Körper wieder in die Balance zu bringen. Glücklicherweise gelang es mir dann, mich zu entspannen und eine gesunde Beziehung zu meinem Essen aufzubauen.

Was aber, wenn das nicht gelingt? Wir wissen heute so viel über die Wirkungsweise unserer Nahrung auf unseren Körper. Jeden Tag lesen und hören wir neue Schreckensmeldungen darüber, welches Lebensmittel besonders schädlich und krankheitsbildend ist. Wir studieren Nährwerttabellen, fühlen uns schuldig beim Essen (weil wir doch eigentlich abnehmen wollen), überlegen, ob wir nun vollständig auf Gluten verzichten sollten oder ob unser Smoothie zu viele Früchte enthält. Viele Meinungen und Ansichten haben ihre Berechtigung, und natürlich ist unsere Ernährung das A und O einer guten Gesundheit. Aber wir sollten aufpassen, dabei nicht zu Kontrollfreaks zu werden, und die Liebe zu unserem Essen nicht vergessen. Schließlich essen wir nicht mit unserem Gehirn, sondern mit unserem Bauch ... und auch unser Herz sollte immer mit dabei sein.

Schon lange bevor ich mein erstes Kochbuch schrieb und mit meinem Blog startete, war es mir ein Anliegen, gleichzeitig Aufklärung und Entspannung in den Bereich Ernährung zu bringen. Denn gute Ernährung kann einfach sein. Wir brauchen dafür keine Tabellen und Zahlen. Alles, was wir brauchen, ist ein Grundverständnis über die Prozesse unseres Körpers und wie Nahrung auf ihn wirkt, eine ordentliche Portion gesunden Menschenverstand und ein gutes Körpergefühl, das wir immer weiterentwickeln können. Wenn du es also nicht sowieso schon tust, dann bring ein bisschen mehr Liebe und Herz in deine Ernährung. Mach kleine Geräusche des Genusses, wenn du etwas wirklich lecker findest. Gestikuliere wie eine italienische Mama, wenn dir ein Gericht gut gelungen ist. Und spüre nach, wie dir das richtige Essen Energie gibt und ein inneres Wohlgefühl auslöst – denn das, und das allein, ist gesunde Ernährung.

KLEINE BANANENKUCHEN

Glutenfrei | Zeitaufwand: ca. 20 Minuten plus 30 Minuten Wartezeit

Diese kleinen Bananenkuchen findet man in meinem Tiefkühler eigentlich immer. Denn sie lassen sich ohne Geschmacksverlust ganz unkompliziert einfrieren und wieder auftauen und zu einer guten Tasse Tee genießen.

Den Backofen auf 180 °C Ober- und Unterhitze vorheizen.

Geschrotete Leinsamen in einer kleinen Schüssel mit Wasser vermischen und 5 Minuten quellen lassen. Dann mit den übrigen Teigzutaten vermischen.

Entweder kleine Keramikförmchen oder eine Muffinform benutzen und mit Kokosöl ausfetten. 12 ca. 4 cm breite und 20 cm lange Backpapierstreifen schneiden und mittig in jede Form legen, sodass die Enden über den Rand hinausragen. Damit können die Kuchen später besser aus der Form gelöst werden.

Den Teig auf die Förmchen aufteilen.

Die Bananen für den Belag der Länge nach in Hälften schneiden und jede Hälfte nochmals in drei Stücke teilen.

Auf jeden Kuchen ein Stück Banane mit der Schnittseite nach oben legen und leicht eindrücken. Gemahlene Mandeln, gehackte Walnüsse, Kokosöl und Ahornsirup glatt vermischen. Auf die Kuchen krümeln. Die Kuchen ca. 25 Minuten backen, bis ein in den Teig gestochener Zahnstocher sauber wieder herauskommt.

Die Kuchen in der Form 15 Minuten abkühlen lassen, dann mithilfe der Backpapierstreifen aus der Form heben und auf einem Gitter komplett abkühlen lassen.

Für 12 Stück:

Für den Teig:

2 EL geschrotete Leinsamen
4 EL Wasser
3 Bananen, geschält und mit der Gabel zu Mus zerdrückt
1 Apfel, grob geraspelt
100 g Buchweizenmehl
100 g gemahlene Mandeln
2 TL Weinstein-Backpulver
1,5 TL Zimt
1 TL gemahlener Kardamom
1/4 TL Salz
50 g Kokosblütenzucker
70 g natives Kokosöl, geschmolzen, plus etwas mehr für die Förmchen
50 ml ungesüßte Mandelmilch

Für den Belag:

2 Bananen, geschält
50 g gemahlene Mandeln
30 g Walnüsse, grob gehackt
1 EL natives Kokosöl, streichfähig bei Zimmertemperatur
1 EL Ahornsirup, Grad A oder C

ERDNUSSKONFEKT

Glutenfrei | 20 Minuten plus 2 Stunden Wartezeit

Dieses Erdnusskonfekt wird im Tiefkühler aufbewahrt und ist sofort verzehrfertig, wann immer dich die Lust auf Süßes überfällt.

Für ca. 36 Stück:

60 g natives Kokosöl, geschmolzen
150 g ungesüßte Erdnussbutter
100 g gemahlene Mandeln
50 g ungesüßtes Kakaopulver
100 ml Ahornsirup, Grad A oder C
40 g geröstete und gesalzene Erdnüsse, gehackt

Alle Zutaten bis auf die gerösteten Erdnüsse glatt vermischen.

Eine eckige, ca. 15 × 20 cm große Tupperdose (mit passendem Deckel) mit Backpapier auslegen, die Konfekt-Mischung gleichmäßig darin verteilen und mit gehackten Erdnüssen bestreuen. Mit dem Deckel verschließen und mindestens 2 Stunden tiefkühlen.

In kleine Rechtecke oder Stangen schneiden.

Das Konfekt im Tiefkühler aufbewahren und erst kurz vor dem Verzehr herausnehmen (es schmilzt schnell).

FOOD PHARMACY **ERDNÜSSE**

Wenn wir an Erdnüsse denken, sehen wir vor unserem geistigen Auge ein Warnsignal aufleuchten: Ungesund!! Dabei sind Erdnüsse genauso gesund wie andere Nüsse auch, es kommt nur darauf an, in welcher Form wir sie essen. Biologische Erdnussbutter oder Erdnussmus, die keine gehärteten Fette enthalten, eignen sich zum Beispiel perfekt, um eine gesunde Portion der kleinen Kraftpakete zu uns zu nehmen. So können sie ihren positiven Einfluss auf unsere Blutfettwerte und die Gesundheit unserer Blutgefäße entfalten.

ERDBEEREIS AM STIEL

Glutenfrei | Zeitaufwand: ca. 30 Minuten plus 7 Stunden Wartezeit

Erdbeereis am Stiel macht das Kind in jedem von uns glücklich. Schön sahnig wird das Eis durch die Zugabe von Kokosmilch und Cashewkernen. Seinen frischen Erdbeergeschmack bekommt es durch die schnelle Erdbeer-Chia-Marmelade, die roh angerührt wird.

Für ca. 10 Stück:

120 g Cashewkerne
320 g Erdbeeren, plus 4 weitere
2 EL gemahlene Chiasamen
100 ml Ahornsirup, Grad A oder C, plus 4 EL
3 EL frisch gepresster Zitronensaft
400 ml Kokosmilch
20 g natives Kokosöl, geschmolzen

Cashewkerne in einer Schüssel mit heißem Wasser bedecken und 1 Stunde einweichen lassen. In ein Sieb geben und mit Wasser abspülen.

Erdbeeren mit gemahlenen Chiasamen, 100 ml Ahornsirup und Zitronensaft im Standmixer oder Häcksler pürieren. 10 Minuten andicken lassen. 250 g von der Erdbeermischung abwiegen und mit Cashewkernen, Kokosmilch, Kokosöl und 4 EL Ahornsirup im Standmixer cremig pürieren.

4 Erdbeeren der Länge nach in Scheiben schneiden und je 2 Scheiben in jede Eisform hineingeben. Die restliche Erdbeermasse auf die Formen aufteilen und mit der Erdbeer-Cashew-Creme auffüllen. Jeweils einen Stiel einfügen und mindestens 6 Stunden tiefkühlen.

Vor dem Servieren die Eisformen kurz unter heißes Wasser halten, um das Eis herauszulösen.

FUN FACT **EIS AM STIEL**

Als der elfjährige Frank Epperson aus San Francisco im Jahr 1905 eine Limonade aus Wasser und aromatisiertem Brausepulver herstellen wollte und alles mit einem Holzstäbchen verrührt hatte, stellte er das Ganze zum Abkühlen vor das Fenster. Doch erst am nächsten Morgen erinnerte er sich daran. Nun können Winternächte selbst in San Francisco kalt werden. Seine Limonade war in der Zwischenzeit nämlich gefroren. Als sich das Eis in der Wärme des Zimmers vom Rand des Bechers abzulösen begann, hielt der Junge plötzlich sein erstes Eis am Stiel in der Hand. Erst Jahre später erinnerte sich Epperson wieder an seine Entdeckung und ließ sie 1923 patentieren. Begründet wurde die Patentanmeldung mit den Worten: »Gefrorenes Eis am Stiel ist die fortschrittliche Methode, gefrorene Süßware in attraktiver Form und angebrachter Weise verzehren zu können, ohne sie dabei durch Kontakt mit Hand, Teller oder Gabel zu beschmutzen.«

SCHOKOMANDELN MIT SALZ

Glutenfrei | Zeitaufwand: ca. 20 Minuten plus 30 Minuten Wartezeit

Geröstete Nüsse mit Schokolade und einer Prise Salz – die einfachen Dinge sind oft die allerbesten.

Für ca. 170 g:

60 g Zartbitterschokolade
100 g blanchierte Mandeln
1 EL Kokosblütenzucker
1 Prise Salz
1 EL ungesüßtes Kakaopulver

Die Schokolade im Wasserbad schmelzen. Kurz abkühlen lassen, bis die Schokolade dickflüssig wird.

Eine Pfanne erhitzen und die Mandeln unter Rühren leicht anrösten. Kokosblütenzucker hinzufügen und schnell mit den Mandeln verrühren, sodass sich der karamellisierte Zucker mit den Mandeln verbindet. Dann sofort vom Herd nehmen, damit der Zucker nicht anbrennt. Die Mandeln voneinander trennen und abkühlen lassen.

Die Mandeln in den Topf mit der Schokolade geben und mithilfe einer Gabel in der Schokolade wälzen, bis sie rundum mit Schokolade bedeckt sind.

Ein Backblech mit Backpapier auslegen, die Mandeln darauflegen und voneinander trennen. Mit je einer kleinen Prise Salz bestreuen und die Schokolade aushärten lassen.

Die ausgehärteten Schokomandeln mit Kakao bestäuben.

FOOD PHARMACY **MANDELN**

Mandeln sind viel mehr als ein Snack. Wissenschaftliche Studien haben herausgefunden, dass uns der tägliche Verzehr von Mandeln vor Diabetes, Herz-Kreislauf-Erkrankungen und einem hohen Cholesterinspiegel schützen kann, ohne dabei zu einer Gewichtszunahme zu führen. Neuesten Erkenntnissen zufolge haben Mandeln außerdem eine prebiotische Wirkung. Das heißt, sie nähren die guten Darmbakterien und unterstützen auf diese Weise eine gesunde Darmflora.

Für uns beide

Ein romantisches Essen zu zweit wird mit einem guten Dessert noch viel schöner. Denn Liebe geht ja bekanntlich durch den Magen, und es ist einfach ein gutes Gefühl, deinen Partner und dich selbst mit einer gesunden Süßigkeit zu verwöhnen.

KOKOS-PANNACOTTA MIT PFLAUMEN-ROSEN-KOMPOTT

Glutenfrei | Zeitaufwand: ca. 30 Minuten plus 6 Stunden Wartezeit

Die milde Sahnigkeit der Kokos-Pannacotta schmeckt ganz besonders gut in Kombination mit dem säuerlich-süßen Kompott, das mithilfe von Rosenwasser eine orientalische Note erhält. Je nach Saison kannst du die Pannacotta auch mit einer anderen Fruchtsauce *(siehe S. 168)* *servieren.*

Für 2 Personen:

Für die Pannacotta:
400 ml Kokosmilch
2 EL Ahornsirup, Grad A
1 Prise Salz
30 g Maisstärke
50 ml ungesüßte Mandelmilch

Für das Pflaumen-Rosen-Kompott:
200 g Pflaumen
1/2 EL natives Kokosöl
150 ml Apfelsaft
1 EL Ahornsirup, Grad A oder C
1 EL Rosenwasser
1 Prise Zimt
1 TL Maisstärke
1 EL Wasser
10 geröstete Pistazien, gehackt

Die Kokosmilch mit Ahornsirup und einer Prise Salz in einem Topf zum Kochen bringen. In einer kleinen Schüssel Maisstärke mit Mandelmilch glatt verrühren und mit einem Schneebesen in die kochende Kokosmilch einrühren. Die Hitze reduzieren und ca. 2 Minuten unter Rühren köcheln lassen.

Zwei Förmchen mit kaltem Wasser ausspülen und die Pannacotta hineinfüllen. Mindestens 6 Stunden im Kühlschrank fest werden lassen.

Die Pflaumen entkernen und je nach Größe in Hälften, Viertel oder Achtel schneiden. In einem kleinen Topf Kokosöl erhitzen. Die Pflaumen hinzufügen und 1 Minute leicht anbraten. Mit Apfelsaft ablöschen, Ahornsirup hinzufügen, die Hitze reduzieren und ca. 12 Minuten leise köcheln lassen, bis die Pflaumen gar sind. Rosenwasser und Zimt hinzufügen.

In einer kleinen Schüssel Maisstärke mit 1 EL Wasser vermischen und unter Rühren unter das Kompott geben. 1 Minute leise köcheln lassen, dann vom Herd nehmen.

Die Pannacotta im Förmchen mit den Händen leicht bewegen, sodass sie sich vom Rand löst. Auf Dessertteller stürzen und mit dem Pflaumen-Rosen-Kompott und mit gehackten Pistazien bestreut servieren.

SCHOKO-HIMBEER-KUCHEN

Optional glutenfrei | Zeitaufwand: ca. 30 Minuten plus 40 Minuten Wartezeit

Schokolade und Himbeeren sind eine ideale Kombination, denn die säuerlichen Beeren verleihen der dunklen Schokolade genau die richtige Frische und sehen als kleine Farbtupfer im dunklen Teig einfach schön aus.

Für einen kleinen Kuchen (in einer 17-cm-Springform*):

100 g Zartbitterschokolade
80 g gemahlene Mandeln
50 g Dinkelmehl, Type 1050 (alternativ: meine glutenfreie Mehlmischung, siehe S. 164)
25 g Kakaopulver
1 TL Weinstein-Backpulver
1/4 TL Salz
120 g Cashewmus (alternativ: Mandel- oder Erdnussmus)
120 g ungesüßtes Apfelmus
80 ml Ahornsirup, Grad A oder C
150 g Himbeeren, frisch oder aufgetaut, plus eine Handvoll frische Himbeeren zum Garnieren

* für eine 26-cm-Springform alle Mengen verdoppeln.

Den Backofen auf 180 °C Ober- und Unterhitze vorheizen.

Die Zartbitterschokolade hacken. Die Hälfte beiseitestellen und die andere Hälfte mit den übrigen Zutaten, bis auf die Himbeeren, glatt vermischen. Dann 2/3 der Himbeeren unter den Teig heben.

Eine 17-cm-Springform ausfetten und den Teig einfüllen. Die restlichen Himbeeren auf der Oberfläche leicht einarbeiten, sodass sie noch etwas zu sehen sind.

Ca. 40 Minuten backen.

Den Kuchen in der Form komplett abkühlen lassen, dann mit einem Messer leicht vom Rand lösen und den Springformrand entfernen.

Die restliche Schokolade im Wasserbad schmelzen und mithilfe einer Gabel Linien auf den Kuchen träufeln.

Den Kuchen mit einer Handvoll frischer Himbeeren garniert servieren.

ORANGEN-GRANITA

Glutenfrei | Zeitaufwand: ca. 15 Minuten plus 4 Stunden Wartezeit

Dieses Rezept ist einfach und sexy. Ganz wenige Zutaten ergeben zusammen eine Geschmacks-explosion, die es in sich hat. Vielleicht ist es übertrieben, von einem »Foodorgasmus« zu sprechen, vielleicht aber auch nicht.

Für 2 Personen:

abgeriebene Schale von
1 unbehandelten Orange
250 ml frisch gepresster
Orangensaft
3 EL Ahornsirup, Grad A oder C
1 EL frisch gepresster Zitronensaft

Alle Zutaten mischen und in eine flache Form aus Glas oder Edelstahl füllen.

Mindestens 4 Stunden in den Tiefkühler stellen und jede Stunde einmal mit der Gabel verrühren, sodass sich eine kristalline Struktur ergibt.

Vor dem Servieren noch mal mit einer Gabel gründlich durchkratzen, dann in Champagnerkelchen oder Dessertschalen servieren.

FOOD PHARMACY **ORANGEN**

Dass Orangen viel Vitamin C enthalten, weiß jedes Kind. Sie liefern darüber hinaus aber eine interessante Anzahl an Flavanonen, einer Untergruppe der sekundären Pflanzenstoffe, die stark zellschützende Eigenschaften haben. So konnten brasilianische Wissenschaftler nachweisen, dass Zitrusfrüchte chronische Erkrankungen verhindern können, die durch oxidativen Stress entstehen, unter anderem Diabetes, Herzkrankheiten, Leberprobleme und andere entzündliche Erkrankungen.

ERDBEER-KANTEN

Glutenfrei | Zeitaufwand: ca. 15 Minuten plus 1 Stunde Wartezeit

Kanten ist ein japanisches Dessert, das in der Regel als durchsichtiges Gelee serviert wird, in dem Beeren und Fruchtstücke »schweben«. In meiner Version werden die Erdbeeren püriert und mit Agar-Agar in Geleeform gebracht. Heraus kommt ein erfrischendes Dessert, das das Aroma der Beeren ganz wunderbar zur Geltung bringt.

Für 2 Personen:

200 ml Apfelsaft
250 g Erdbeeren, plus 5 Erdbeeren für die Deko
50 ml Weißwein (alternativ: Apfelsaft)
2 EL Ahornsirup, Grad A oder C
3/4 TL Agar-Agar-Pulver

Die Hälfte des Apfelsafts zusammen mit den Erdbeeren im Standmixer pürieren. Durch ein feines Sieb in einen Messbecher füllen, sodass die Erdbeerkernchen im Sieb zurückbleiben und entsorgt werden können.

Den restlichen Apfelsaft mit Weißwein, Ahornsirup und Agar-Agar in einen Topf geben und unter Rühren zum Kochen bringen. 1 Minute köcheln lassen. Zu der Erdbeer-Apfelsaft-Mischung im Messbecher geben und gut verrühren.

Von 3 Erdbeeren den Strunk entfernen und die Beeren der Länge nach in dünne Scheiben schneiden. Zwei kurze, breite Gläser mit geraden Wänden mit kaltem Wasser ausspülen und die Erdbeerscheiben, mit der Spitze nach oben, an den Rand der Gläser setzen. Die flüssige Mischung aus dem Messbecher langsam und vorsichtig in die Gläser füllen und mindestens 1 Stunde in den Kühlschrank stellen, bis sich das Gelee gebildet hat. Bis zum Servieren kühl stellen.

2 Erdbeeren mit Strunk waschen, dreimal der Länge nach einschneiden und die Beeren auffächern. Auf die Gelees legen und servieren.

FOOD PHARMACY **AGAR-AGAR**

Agar-Agar ist eine gelierende Substanz, die aus den Zellwänden bestimmter Rotalgenarten gewonnen wird. Es besteht aus unverdaulichen Ballaststoffen und wirkt daher verdauungsfördernd. In höheren Dosierungen hilft Agar-Agar gegen Verstopfung und wird in der Traditionellen Chinesischen Medizin unter anderem als Heilmittel für Leber, Milz und Magen eingesetzt.

SNICKERS-PUDDING

Glutenfrei | Zeitaufwand: ca. 20 Minuten

Bestimmte Geschmäcker prägen einen fürs Leben. Für mich und viele andere meiner Generation gehört eindeutig die Kombination aus Erdnuss, Karamell und Schokolade dazu – der Snickers-Geschmack eben. Und dem setze ich mit diesem Pudding ein kleines, cremiges Denkmal.

Für 2 Personen:

Für den Erdnusspudding:
20 g Maisstärke
3 EL Wasser
100 g ungesüßtes Erdnussmus oder Erdnussbutter
3 EL Ahornsirup, Grad A oder C
350 ml heißes Wasser

Für die Schokoladenschicht:
30 g Zartbitterschokolade, gekauft oder selbst gemacht (siehe S. 164)
4–5 EL ungesüßte Mandelmilch

Zum Bestreuen:
1 TL geröstete und gesalzene Erdnüsse, gehackt

Maisstärke in einer kleinen Schüssel mit 3 EL Wasser vermischen.

Erdnussmus und Ahornsirup in einem Topf vermischen. Heißes Wasser langsam dazugießen und mithilfe eines Schneebesens glatt verrühren. Die Mischung zum Köcheln bringen. Vom Herd nehmen und die angerührte Maisstärke mit einem Schneebesen unterrühren. Wieder auf den Herd stellen und unter starkem Rühren eine halbe Minute leise köcheln lassen.

Den Pudding in 2 hitzebeständige Gläser füllen.

Für die Schokoladenschicht Zartbitterschokolade und 4 EL Mandelmilch in einem Topf erhitzen, bis sich die Schokolade aufgelöst hat. Die Konsistenz sollte flüssig sein. Ist sie noch zu zäh, einen weiteren Esslöffel Mandelmilch unterrühren. Auf die Puddingschicht löffeln, gleichmäßig verteilen und abkühlen lassen. Der Pudding kann sowohl lauwarm als auch kalt serviert werden (lauwarm schmeckt er besonders gut).

Zum Servieren mit gehackten Erdnüssen bestreuen.

KOKOS-HIMBEER-CHIAPUDDING

Glutenfrei | Zeitaufwand: ca. 30 Minuten plus 4 Stunden Wartezeit

Dieser Chiapudding ist ein echtes Wohlfühldessert, denn er schmeckt lecker und ist gleichzeitig richtig gut für dich. Er steckt voller Vitalstoffe, er pflegt das Darmmilieu und sieht auch noch gut aus. Was will man mehr von einem Dessert?

Für 2 Personen:

Für den Kokos-Chiapudding:
200 ml ungesüßte Mandelmilch
200 ml Kokosmilch
2 EL Ahornsirup, Grad A oder C
50 g weiße Chiasamen

Für die Himbeerschicht:
200 g Himbeeren, frisch oder aufgetaut, plus 8 frische Himbeeren zum Dekorieren
3 EL Ahornsirup, Grad A oder C
2 EL weiße Chiasamen

Mandelmilch, Kokosmilch und Ahornsirup mit einem Schneebesen glatt vermischen. Chiasamen hinzufügen und gut verrühren. In ein Glas mit Deckel füllen und mindestens 4 Stunden oder über Nacht im Kühlschrank quellen lassen.

Die Himbeeren mit Ahornsirup in einem kleinen Topf erhitzen und mit einer Gabel leicht zerdrücken. Ca. 3 Minuten leise köcheln lassen. Vom Herd nehmen und die Chiasamen unterrühren. In ein Glas mit Deckel füllen und mindestens 4 Stunden oder über Nacht im Kühlschrank quellen lassen.

In zwei kleine Gläser zuerst eine Schicht Himbeermasse, dann eine Schicht Kokospudding und wieder eine Schicht Himbeermasse füllen. Mit ein paar frischen Himbeeren dekorieren und servieren.

FOOD PHARMACY **CHIASAMEN**
Chiasamen haben viele gute Eigenschaften. Ganz besonders wohltuend sind sie allerdings aufgrund ihres hohen Ballaststoffgehalts. Ihre ausgewogene Mischung aus löslichen und unlöslichen Ballaststoffen ist eine Seltenheit im Lebensmittelbereich, denn meistens überwiegen die unlöslichen Ballaststoffe. Diese binden Wasser, regen die Verdauung an, reinigen den Darm und machen angenehm satt. Die löslichen Ballaststoffe hingegen dienen vorwiegend als Nahrung der nützlichen Darmbakterien und schützen die Darmschleimhaut.

»Kochen und Backen sind körperliche und geistige Therapie.«

Mary Berry, britische TV-Köchin

BACKEN ALS MEDITATION

Die meisten von uns sind ganz schön stolz darauf, mehrere Dinge gleichzeitig tun zu können. Beim Autofahren Kaffee trinken, Radio hören und WhatsApp schreiben? Kein Problem. Gleichzeitig telefonieren, Mails checken und Abendessen kochen? Klar! Aber wenn es darum geht, nur eine Sache zu tun, dann wird's schwierig. Eines Abends waren wir mit Freunden und deren neunjähriger Tochter im Restaurant. Der Vater nahm seiner Tochter das Handy weg, woraufhin sie nach 1 Minute meinte: »Mir ist so laaangweilig!« Ich daraufhin: »Genieß es! Ist super für deine Kreativität.« Sie (Augen verdrehend): »Haha.« Ich: »Doch! Im Ernst!« Dann mussten wir beide lachen. 30 Sekunden später waren wir ganz und gar in ein – von ihr erfundenes – Spiel vertieft, bei dem man sich wirklich konzentrieren musste, sonst hatte man verloren.

Ideen sind der Lohn für diejenigen, die keine Angst vor Langeweile haben. Tatsächlich ist es aber für die meisten von uns die größte Herausforderung, nur eine Sache auf einmal zu tun oder auch mal eine Pause entstehen zu lassen. Kein Wunder, dass alle Angst vorm Meditieren haben oder glauben, es nicht zu können. Wir sind es einfach nicht gewohnt, still zu sein, in uns selber zu ruhen oder vermeintlich unproduktiv zu sein. Wir haben keine Zeit zum Meditieren, keine Zeit zum Nichtstun, keine Zeit zum Kochen, keine Zeit zum Zuhören. Und dann wundern wir uns, dass uns ständig alles über den Kopf wächst und unsere Nerven bis zum Äußersten angespannt sind.

Auf unseren Koch- und Yoga-Retreats unterrichte ich sehr gern Meditation, weil es kaum etwas anderes gibt, was die Leute so zum Strahlen bringt. Aber meditieren kann man nicht nur auf der Yogamatte, sondern auch sehr gut in der Küche. Wenn wir uns die Zeit nehmen, um beim Kochen oder Backen wirklich präsent zu sein, dann ist das wie eine gute Meditation: Unsere Gedanken fließen an uns vorbei, wir sind ganz im Moment, wir spüren die Zutaten in unseren Händen, nehmen die Düfte der Gewürze wahr, schmecken ab und denken darüber nach, wie wir das Gericht verbessern können – wir sind Teil eines kreativen Prozesses, wir sind im »Flow«. Kochen und Backen sind Meditation in Bewegung. Backen vielleicht sogar noch mehr als Kochen. Denn Backen ist »unnötig«. Wer muss schon unbedingt backen? Man könnte ebenso gut ein Stück Kuchen aus der nächsten Bäckerei holen und hätte ein ähnliches Ergebnis. Und trotzdem backen wir. Weil wir Freude daran haben. Weil wir wissen wollen, welche Zutaten in unserem Kuchen stecken. Und weil wir das Gefühl lieben, etwas erschaffen zu haben.

Ich verneige mich vor jedem, der seinen Kuchen selber backt. Denn das ist auf eine schöne Art altmodisch. Es ist eine Verweigerung an das »Immer schneller, immer mehr« unserer Zeit. Es ist unnötig und deshalb der wahre Luxus. Es ist ein Geschenk ans Leben und an die, die es mit uns teilen.

KARAMELLEIS

Glutenfrei | Zeitaufwand: 30 Minuten plus mindestens 1 Stunde Wartezeit

Eine meiner liebsten Eissorten, die durch den malzigen Kokosblütenzucker ihren Karamellgeschmack wie von selbst erhält.

Für ca. 6 Portionen:

200 g Cashewkerne
200 ml Kokosmilch
60 g Kokosblütenzucker
40 g Kokosblütensirup, plus etwas mehr zum Servieren
20 g natives Kokosöl
1/2 TL Salz

Cashewkerne in eine Schüssel geben, mit heißem Wasser bedecken und 1 Stunde einweichen lassen (alternativ in kaltem Wasser mindestens 4 Stunden einweichen lassen). In ein Sieb geben und mit Wasser abspülen.

Kokosmilch, Kokosblütenzucker und -sirup, Kokosöl und Salz in einem Topf erhitzen. Ca. 2 Minuten leise köcheln lassen, bis sich der Zucker komplett aufgelöst hat. Zusammen mit den Cashewkernen im Standmixer cremig pürieren. Komplett abkühlen lassen. Dann in einer Eismaschine nach Herstelleranweisung zu Eiscreme verarbeiten.

Die Eiscreme entweder sofort servieren (sie ist jetzt noch recht weich) oder in eine Tupperdose füllen und mindestens 4 Stunden tiefkühlen.

Ca. 20 Minuten vor dem Servieren aus dem Tiefkühler nehmen. In Portionen aufteilen und mit Kokosblütensirup beträufeln.

SCHOKOMOUSSE-KUCHEN

Optional glutenfrei | Zeitaufwand: ca. 45 Minuten plus 2 Stunden Wartezeit

Einen ähnlichen Kuchen habe ich in einem kleinen Café in Lissabon gegessen, das nur diesen einzigen Kuchen im Angebot hatte und sein ganzes Erfolgskonzept darauf begründete. Wenn du den Kuchen probierst, weißt du auch, warum: Saftiger Schokoladenkuchen mit schmelzender Mousse au Chocolat obendrauf – was braucht man mehr zum Glücklichsein?

Für eine 17-cm-Springform*:

Für die Schokomousse:
80 g Zartbitterschokolade
1 EL ungesüßtes Kakaopulver
100 ml Aquafaba (die Flüssigkeit aus einem 350-Gramm-Glas Kichererbsen)
1 EL Ahornsirup, Grad A oder C

Für den Teig:
100 g Dinkelmehl, Type 1050 (alternativ: meine glutenfreie Mehlmischung, siehe S. 164)
50 g gemahlene Mandeln
1 TL Weinstein-Backpulver
1/4 TL Salz
20 g ungesüßtes Kakaopulver
50 g natives Kokosöl, geschmolzen, plus etwas mehr für die Form
100 g ungesüßtes Apfelmus
80 ml Ahornsirup, Grad A oder C

Zum Dekorieren:
1/2 EL ungesüßtes Kakaopulver
ein paar Blaubeeren oder Blüten

* für eine 26-cm-Springform alle Mengen verdoppeln.

Die Schokolade für die Mousse au Chocolat hacken und im Wasserbad schmelzen. In eine Schüssel füllen, mit dem Kakao glatt verrühren und ca. 5 Minuten abkühlen lassen. In der Zwischenzeit das Aquafaba mit Ahornsirup vermischen und mit dem Handrührgerät 3–5 Minuten auf höchster Stufe schlagen, bis es fest wird wie Eischnee.

1 bis 2 EL vom Aquafaba zur geschmolzenen Schokolade hinzufügen und cremig rühren. Dann das Aquafaba in 4 Portionen nacheinander zur Schokolade geben und immer erst unterrühren, bevor die nächste Portion hinzugefügt wird. Die Mousse mindestens 2 Stunden in den Kühlschrank stellen.

Den Backofen auf 180 °C vorheizen.

Alle Zutaten für den Teig in einer Schüssel miteinander vermischen.

Eine 17-cm-Springform mit Kokosöl ausreiben und den Teig einfüllen. Ca. 25 bis 30 Minuten backen, bis ein in den Teig gestochener Zahnstocher sauber wieder herauskommt.

Den Teig komplett abkühlen lassen.

Die Schokomousse gleichmäßig auf dem abgekühlten Teigboden verteilen. Kakaopulver in ein Sieb geben und die Kuchenoberfläche damit bestäuben. Mit ein paar Blaubeeren oder Blütenblättern garniert servieren.

ZITRONENPUDDING

Glutenfrei | Zeitaufwand: ca. 20 Minuten

Zitronenpudding ist eine schöne Alternative zu den herkömmlichen Vanille- oder Schokopuddings. Außerdem erhält er durch den Zitrusgeschmack diese gewisse Leichtigkeit, die nach einer reichhaltigen Hauptmahlzeit genau richtig ist.

Für 4 Portionen*:

400 ml Kokosmilch
3 EL Ahornsirup, Grad A oder C
1/3 TL gemahlene Kurkuma
abgeriebene Schale von 1/2 unbehandelten Zitrone
2 EL frisch gepresster Zitronensaft
20 g Maisstärke
3 EL Wasser

Zum Dekorieren:

2 EL geröstete Kokosflakes (alternativ: ein paar frische Beeren)

* Nur 2 Portionen zu machen wäre schade ;-). Der Pudding hält sich gut verschlossen im Kühlschrank ca. 3 Tage.

Kokosmilch, Ahornsirup, Kurkuma, Zitronenschale und Zitronensaft in einem Topf zum Kochen bringen.

Maisstärke mit Wasser glatt vermischen und mithilfe eines Schneebesens unter die heiße Mischung im Topf rühren. 2 Minuten unter ständigem Rühren weiterköcheln lassen.

Den Pudding in kleine Gläser füllen und abkühlen lassen. Zum Servieren mit gerösteten Kokosflakes oder ein paar frischen Beeren anrichten.

WELLCUISINE-TIPP: Wer keine Haut auf seinem Pudding haben möchte, lässt den Pudding komplett im Topf abkühlen und rührt ihn zwischendurch immer wieder mit einem Schneebesen kräftig durch. Der komplett abgekühlte Pudding kann dann in Gläser abgefüllt werden.

FUN FACT **ZITRONEN**

Zitronen sind bereits seit Jahrtausenden ein anerkanntes Heilmittel. Ausgrabungen bei einem Tempel in Pompeji haben sechs Zitronenkerne zutage gefördert, die darauf hinweisen, dass Zitronen wohl als Opfergaben den Göttern dargeboten wurden. In der Renaissance galt die Zitrone als Symbol für Liebe, Fruchtbarkeit und ewiges Leben. Im Mittelalter wurde sie zu einem wichtigen Bestandteil von Medikamenten gegen die Pest, und ab dem 17. Jahrhundert verwendete man sie zur Bekämpfung der Vitaminmangelerkrankung Skorbut.

AVOCADO-MOUSSE-AU-CHOCOLAT

Glutenfrei | Zeitaufwand: ca. 15 Minuten plus 20 Minuten Wartezeit

Mit Avocado-Mousse-au-Chocolat habe ich mich schon sehr eingängig beschäftigt, und dies ist mein derzeit bestes Rezept. Es enthält mehr Zutaten als gewöhnlich, aber du wirst feststellen, dass es durch genau diese Mischung zu einem ganz köstlichen und fein abgestimmten Dessert wird, bei dem wirklich schwer zu erraten ist, woraus es besteht.

Für 2 Personen:

120 g Medjool-Datteln
1 Avocado
30 g ungesüßtes Kakaopulver
4 EL Mineralwasser mit Kohlensäure
2 EL brauner Rum (alternativ: Orangensaft)
1 TL Ahornsirup, Grad A oder C
der feste Anteil von 200 ml Kokosmilch

Die Datteln entkernen, in eine Schüssel geben und mit heißem Wasser übergießen. 20 Minuten ziehen lassen. Dann abgießen und abkühlen lassen.

Die Avocado in zwei Hälften schneiden, den Kern entfernen, mit einem Esslöffel das Fruchtfleisch herauslöffeln und in einen Häcksler füllen. Datteln, Kakaopulver, Mineralwasser, Rum und Ahornsirup hinzufügen.

Den festen Teil der Kokosmilch entnehmen (das übrig gebliebene Wasser kann zum Zubereiten eines Smoothies verwendet werden) und zu den anderen Zutaten in den Häcksler geben.

Alles glatt pürieren, und zwar so lange, bis eine glatte, klümpchenfreie Mousse entsteht. Zwischendurch immer mal wieder die Creme von den Wänden des Häckslers schaben. Direkt servieren oder bis zum Servieren kühl stellen.

EINKAUFSTIPP **AVOCADO**

Avocados sind in den letzten Jahren in Verruf geraten, da sie oft von weit her importiert und unter unverantwortlichen ökologischen Bedingungen gezogen werden. Deshalb lohnt es sich, den Avocado-Kauf bewusster anzugehen und auf folgende Dinge zu achten:

- Avocados in Bioqualität kaufen,
- spanische Avocados kaufen,
- unreife Avocados zu Hause reifen lassen, denn essfertige Avocados werden im Schnellverfahren innerhalb riesiger klimatisierter Hallen nachgereift, wofür ein großer Energiebedarf notwendig ist.

BLAUBEER-CHEESECAKE-EIS

Glutenfrei | Zeitaufwand: ca. 30 Minuten plus 5 Stunden Wartezeit

Blau ist die Farbe des Himmels, des Meeres ... und der Kugel Eis, die ich an einem schönen Sommertag gern esse. Blaubeer-Cheesecake-Eis schmeckt sahnig-mild und hat eine sanfte Fruchtnote – es ist der essbare Soundtrack für einen warmen Nachmittag im Garten.

Für ca. 6 Portionen:

Für das Vanilleeis:
200 g Cashewkerne
200 ml Kokosmilch
60 ml Ahornsirup, Grad A oder C
20 g natives Kokosöl, geschmolzen
2 TL Vanilleextrakt, gekauft oder selbst gemacht (siehe S. 165)

Für die Blaubeeren:
150 g Blaubeeren, frisch oder aufgetaut
2 EL Ahornsirup, Grad A oder C
4 EL Wasser
1 EL frisch gepresster Zitronensaft
1 EL Wodka

Cashewkerne in eine Schüssel geben, mit heißem Wasser bedecken und 1 Stunde einweichen lassen (alternativ in kaltem Wasser mindestens 4 Stunden einweichen lassen). In ein Sieb geben und mit Wasser abspülen.

Cashewkerne mit Kokosmilch, Ahornsirup, Kokosöl und Vanilleextrakt im Standmixer cremig pürieren. In einer Eismaschine nach Herstelleranweisung zu Eiscreme verarbeiten. Wenn du keine Eismaschine hast, dann gib die Masse 1,5 Stunden in den Tiefkühler und mixe sie dann mit dem Handrührgerät auf. Dann weiter wie folgt.

In der Zwischenzeit die Blaubeeren zubereiten. Dafür in einem Topf Blaubeeren, Ahornsirup, Wasser und Zitronensaft zum Köcheln bringen. Ca. 3–4 Minuten unter Rühren köcheln lassen, bis die Blaubeeren ihre Form verlieren und eine marmeladenartige Konsistenz entsteht. Wodka hinzufügen und die Blaubeeren komplett abkühlen lassen. Dann mit ca. 1/3 vom Vanilleeis vermischen.

Den Rest des Vanilleeises in eine Tupperschüssel geben, das Blaubeereis hinzufügen und mit einer Gabel kreisförmig einarbeiten, sodass ein Marmor-Muster entsteht.

Mindestens 4 Stunden tiefkühlen. Ca. 20 Minuten vor dem Servieren aus dem Tiefkühler nehmen.

Für alle

Es gibt kaum was Schöneres, als mit lieben Freunden oder der Familie am Tisch zu sitzen, zu lachen, zu reden und ein gutes Essen zu genießen. Der krönende Abschluss eines wunderbaren Abends oder Nachmittags ist dann ein Dessert, das die Sinne belebt und alle glücklich nach Hause gehen lässt.

RIESENCOOKIE ZUM TEILEN

Optional glutenfrei | Zeitaufwand: ca. 15 Minuten plus 50 Minuten Wartezeit

Mein Riesencookie kommt bei Freunden und den Teilnehmern unserer Retreats immer super an, denn so ein großer Keks ist ungewöhnlich, und jeder hat Freude daran, sich mit der Hand ein Stück davon abzubrechen. Dazu serviere ich gern Vanilleeis.

Für 1 Riesencookie (reicht für ca. 8 Personen):

100 g Dinkelmehl, Type 1050 (alternativ: meine glutenfreie Mehlmischung, siehe S. 164)
40 g gemahlene Mandeln
1/4 TL Salz
60 g natives Kokosöl, streichfähig bei Zimmertemperatur
60 ml Ahornsirup, Grad A oder C
30 g Haselnüsse
50 g Zartbitterschokolade, gehackt

Alle Zutaten, außer der Schokolade und den Haselnüssen, zu einem glatten Teig verrühren. Haselnüsse in einer Pfanne ohne Fett unter Rühren anrösten. Dann auf ein Schneidebrett geben und grob hacken. Zusammen mit der Schokolade unter den Teig mischen.

Eine 26-cm-Springform mit Backpapier auskleiden, den Teig hineingeben und gleichmäßig darin verteilen. 30 Minuten in den Kühlschrank stellen.

Den Backofen auf 180 °C Ober- und Unterhitze vorheizen.

Den Cookie ca. 22–25 Minuten backen. Aus dem Ofen nehmen, 15 Minuten in der Form abkühlen lassen, dann den Springformrand entfernen und den Cookie mithilfe des Backpapiers auf einem Gitter platzieren und komplett abkühlen lassen.

Zum Servieren den Cookie auf einen großen Teller oder ein schönes Schneidebrett legen und in die Mitte des Tischs stellen, sodass sich jeder ein Stück davon abbrechen kann. Dazu passt eine Kugel Eis.

GOLDENE BIRNEN

Glutenfrei | Zeitaufwand: ca. 20 Minuten plus ca. 2,5 Stunden Wartezeit

Dieses Rezept macht gleich doppelt Spaß, denn erstens sind goldene Birnen ein wunderbarer, natürlicher Nachtisch und zweitens kannst du die Kochflüssigkeit später als leckeres Getränk genießen. Dazu die Flüssigkeit einfach durch ein Sieb gießen und in einer Glasflasche mit Deckel aufbewahren. Mit etwas Sprudel vermischt servieren.

Für 4 Personen:

1 l Apfelsaft
1 EL Ahornsirup, Grad A oder C
1 EL Apfelessig
1,5 TL gemahlene Kurkuma
1 Messerspitze Safranpulver
abgeschnittene Schale von 1/2 unbehandelten Orange
10 Kardamomkapseln
4 feste Birnen, zum Beispiel die Sorte Conference

Einen Topf aussuchen, in den 4 Birnen dicht nebeneinander hineinpassen. Darin Apfelsaft, Ahornsirup, Apfelessig, Kurkuma, Safran und Orangenschale miteinander vermischen.

Die Kardamomkapseln in einem Mörser oder mit der Rückseite eines Löffels leicht zerdrücken, sodass sich die Kapseln öffnen. In den Topf geben und die Mischung zum Köcheln bringen.

In der Zwischenzeit die Birnen mit einem Sparschäler schälen und dann in die köchelnde Flüssigkeit gleiten lassen. Die Birnen sollten komplett von der Flüssigkeit bedeckt sein. Ist das nicht der Fall, mit Wasser auffüllen. Die Birnen ca. 20 Minuten köcheln lassen. Dann den Topf vom Herd nehmen und alles mindestens 2 Stunden abkühlen lassen.

Die abgekühlten Birnen aus der Flüssigkeit nehmen und pur oder mit Joghurt, Cashew-Mascarpone (siehe S. 166) oder Schokosauce (siehe S. 167) servieren.

FOOD PHARMACY **KURKUMA**

Kurkuma ist eine der wichtigsten Heilpflanzen der Welt. Ihr aktiver Wirkstoff Curcumin ist ein starkes Antioxidans und schützt unsere Zellen vor Freien Radikalen. Neueste Forschungen gehen davon aus, dass Curcumin sogar vor Alzheimer schützt. Und tatsächlich ist es so, dass die Krankheit in Indien, wo täglich Kurkuma gegessen wird, viel seltener vorkommt. Im Alltag wirkt Kurkuma antibakteriell, schützt vor Erkältungen und löst den Schleim, wenn sich bereits eine Erkältung breitgemacht hat. Außerdem fördert sie die Verdauung und hilft bei Völlegefühl und Blähbauch.

HIMBEER-PETIT-FOURS

Optional glutenfrei | Zeitaufwand: ca. 30 Minuten plus 45 Minuten Wartezeit

Da ich nur 30 Minuten entfernt von der französischen Grenze aufgewachsen bin, wusste ich schon als Kleinkind, was ein Petit Fours ist und dass ich es unbedingt haben will! Für mich sind Petit Fours der Inbegriff französischer Leichtigkeit, und da sie so klein sind, kann man selbst nach einem üppigen Abendessen noch eins davon genießen.

Für 12 Stück:

Für den Mürbeteig:
120 g Dinkelmehl, Type 1050 (alternativ: meine glutenfreie Mehlmischung*, siehe S. 164)
60 g natives Kokosöl, streichfähig bei Zimmertemperatur
1 EL Ahornsirup, Grad A oder C
1/2 EL ungesüßtes Apfelmus
1/4 TL Salz

* zusätzlich zur glutenfreien Variante noch 1 TL gemahlene Chiasamen mit 2 TL Wasser vermischt hinzufügen.

Für die Puddingfüllung:
200 ml Kokosmilch
1,5 EL Ahornsirup, Grad A oder C
1 TL Vanilleextrakt (gekauft oder selbst gemacht, siehe S. 165)
1,5 EL Maisstärke
3 EL Wasser

Für den Belag:
150 g frische Himbeeren
1 EL Birkenpuderzucker (siehe S. 164)
12 kleine Minzblättchen

Alle Zutaten für den Mürbeteig glatt vermischen. Es sollte ein elastischer Teig entstehen. Wenn der Teig zu trocken ist, bis zu 1 Esslöffel kaltes Wasser untermischen. Den Teig in 12 Portionen aufteilen.

Eine Muffinform mit Papierförmchen auskleiden und in jedes Förmchen eine Portion Teig geben, mit den Fingern in Form bringen und dabei einen kleinen Rand formen. Den Teigboden mit einer Gabel mehrmals einstechen. Die Muffinform 30 Minuten in den Kühlschrank stellen.

Den Backofen auf 180 °C Ober- und Unterhitze vorheizen.

Die Teigförmchen ca. 13–15 Minuten backen, bis der Teig leicht gebräunt ist. Aus dem Ofen nehmen und komplett abkühlen lassen.

Für die Puddingfüllung Kokosmilch, Ahornsirup und Vanilleextrakt in einem Topf vermischen und zum Kochen bringen. Maisstärke in einer Schüssel mit Wasser glatt verrühren, langsam in den Topf gießen und mit einem Schneebesen unterrühren.

Den Pudding komplett abkühlen lassen. Mit dem Schneebesen klümpchenfrei verrühren und kurz vor dem Servieren in die abgekühlten Teigförmchen füllen. Mit jeweils ca. 3 Himbeeren dekorieren. Birkenpuderzucker in ein kleines Sieb geben und die Törtchen damit bestäuben. Mit je einem Minzblättchen anrichten und servieren.

THAI-OBSTSALAT MIT LIMETTENCREME

Glutenfrei | Zeitaufwand: ca. 30 Minuten

Ein erfrischendes Dessert, das den perfekten Abschluss eines asiatischen Essens bildet. Man könnte aber auch auf die Idee kommen, das Ganze im Rahmen eines gemütlichen Wochenend-Brunchs zu servieren.

Für 4 Personen:

Für das Dressing:
2 EL Ahornsirup, Grad A oder C
2 EL frisch gepresster Limettensaft
1 TL geschälter und fein geriebener Ingwer
1 Prise Salz

Für den Obstsalat*:
1 Nektarine, entkernt und in mundgerechte Stücke geschnitten
2 Aprikosen, entkernt und in mundgerechte Stücke geschnitten
200 g Wassermelone, in mundgerechte Stücke geschnitten
40 g Blaubeeren
40 g Himbeeren
10 Minzblätter, in feine Streifen geschnitten

* Du kannst auch anderes saisonales Obst verwenden.

Für die Limettencreme:
1 reife Avocado (das Fleisch sollte hellgrün und cremig sein)
abgeriebene Schale von 1 unbehandelten Limette
4 EL frisch gepresster Limettensaft
3 EL Ahornsirup, Grad A oder C
100 ml Wasser

Am besten schmeckt dieses Dessert, wenn alle Zutaten gut gekühlt sind. Deshalb am besten das Obst und die Avocado für die Creme vor der Zubereitung im Kühlschrank lagern.

Alle Zutaten für das Dressing glatt verrühren.

Das gewaschene und geschnittene Obst in eine Schüssel füllen und mit dem Dressing vermischen.

Für die Limettencreme alle Zutaten im Standmixer oder im Häcksler zu einer glatten, klümpchenfreien Creme pürieren.

Kurz vor dem Servieren 3/4 der geschnittenen Minzblätter unter den Obstsalat mischen. Obstsalat und Limettencreme auf Tellern anrichten und mit den restlichen Minzstreifen garniert servieren.

Freundlichkeit
ist ein Tanz
mit dem Leben.

DIE FREUNDLICHKEIT VON DESSERTS

Freundlichkeit. Ein altmodischer Wert, als nett degradiert, als langweilig dargestellt und unzeitgemäß. Freundlichkeit. Ohne die das Leben keine Wärme hat. Ohne die es keine Gesundheit gibt, keine Liebe und kein Miteinander. Die immer der Anfang ist von allem, was gut, richtig und wichtig ist. Die, wenn wir Glück haben, auch unser Ende ist. Freundlichkeit. Zu der wir immer zurückkehren können, egal wie weit uns der Weg von ihr weggeführt hat. Sie ist der erste Sonnenstrahl, der unsere nachtblinden Augen trifft und unsere kühle Haut streichelt wie die Hand einer Mutter. Die Licht in die dunklen und verborgenen Stellen unserer selbst bringt. Freundlichkeit. Die Antwort auf alle Fragen. Der heilsamste Weg. Der Weg der Liebe. Der einzige.

Je länger ich mich mit Gesundheit und Ernährung beschäftige, desto sicherer bin ich mir, dass Freundlichkeit der größte gemeinsame Nenner von allem ist. Freundliche Nahrung ist gut zu unserem Körper und hält ihn gesund. Eine freundliche Haltung lädt das Leben mit all seinen Geschenken ein. Ein freundlicher Gedanke bringt uns inneren Frieden. Ein freundliches Wort kann das Leben eines anderen für immer verändern. Eine freundliche Tat verbreitet Wohlbefinden.

Wenn du deine Gesundheit verbessern möchtest, dann achte zunächst darauf, wie freundlich deine täglichen Gedanken, Worte, Entscheidungen und Handlungen sind. Bevor du mehr Sport machst oder eine Diät beginnst, starte mit Freundlichkeit. Wie du das machst? Frag dich einfach mehrmals am Tag: Was wäre die freundliche Antwort auf diese Situation? Was ist ein freundlicher Gedanke, den ich jetzt denken könnte? Was würde Freundlichkeit in diesem Moment tun? Sieh es wie ein Spiel – das Freundlichkeitsspiel – und schau, was passiert.

Auch bei Desserts spielt Freundlichkeit eine entscheidende Rolle. Der richtige Moment, die richtigen Zutaten, das richtige Rezept und schon entsteht süße Freundlichkeit, die deinen Körper nicht belastet, sondern einfach guttut. Einen freundlichen Umgang mit dir selbst kannst du üben. Indem du öfter innehältst und nachspürst, was jetzt gerade ansteht, wie du dich fühlst, was du wirklich brauchst und was dich in diesem Moment glücklich machen würde. Ein gesundes Dessert kann ein Freundschaftsbeweis an dich selber sein, mit dem du dir sagst, dass du dir wichtig bist.

Und wer freundlich zu sich selbst ist, ist auch freundlich zu anderen, denn gute Gefühle wollen geteilt werden. So wird die Welt, von Dessert zu Dessert und von Freund zu Freund, ein süßerer und schönerer Ort. Also starte mit: Freundlichkeit.

ZWETSCHGEN-TARTE

Glutenfrei | Zeitaufwand: ca. 30 Minuten plus 30 Minuten Wartezeit

Diese Tarte ist ein Lieblingsdessert vom Blog, das je nach Saison auch mit Pfirsichen oder Aprikosen toll schmeckt.

Für ca. 6 Personen:

Für den Mürbeteig:
1 EL gemahlene Chiasamen
3 EL Wasser
160 g Buchweizenmehl
50 g gemahlene Mandeln
1/2 TL Salz
100 g natives Kokosöl, streichfähig bei Zimmertemperatur
2 EL Ahornsirup, Grad A oder C

Für den Belag:
800 g Zwetschgen
2 EL Ahornsirup, Grad A oder C
3 EL Marmelade oder Fruchtmus (zum Beispiel Pflaumenmus oder Aprikosenmarmelade)

Für die Streusel:
100 g gemahlene Mandeln
1 Prise Salz
2 EL Ahornsirup, Grad A oder C
40 g natives Kokosöl, streichfähig bei Zimmertemperatur

Den Backofen auf 180 °C Ober- und Unterhitze vorheizen.

Gemahlene Chiasamen mit 3 EL Wasser vermischen und 5 Minuten quellen lassen. Dann mit den anderen Zutaten für den Mürbeteig glatt vermischen und den Teig 5 Minuten ruhen lassen.

Ein Backblech mit Backpapier auslegen. Den Teig zur Kugel formen, auf das Backpapier setzen und entweder mit den Händen möglichst flach drücken oder den Teig mit einem zweiten Backpapier abdecken und mit dem Wellholz auswellen. In eine ovale Form bringen und mit den Händen einen kleinen Rand formen.
Den Teig mit einer Gabel mehrmals einstechen. Auf mittlerer Schiene 5 Minuten backen.

Die Zwetschgen waschen, vertikal aufschneiden, entkernen und oben jeweils einmal einschneiden.
Mit Ahornsirup in einer Schüssel vermischen.

Den vorgebackenen Teig gleichmäßig mit Marmelade bestreichen und dicht an dicht mit Zwetschgen belegen. Die Innenseite der Zwetschgen sollte dabei nach oben schauen.

Alle Zutaten für die Streusel vermischen und mit den Händen auf der Kuchenoberfläche verteilen. Die Tarte 25–30 Minuten backen, aus dem Ofen nehmen und vor dem Servieren abkühlen lassen.

INDISCHER GEWÜRZMILCHREIS

Glutenfrei | Zeitaufwand: ca. 20 Minuten

Geht es dir auch so, dass du immer Reis übrig hast? Bei uns steht fast immer ein Topf davon im Kühlschrank. Seit Neuestem hat das vielleicht überhandgenommen, weil ich weiß, dass ich aus den Reisresten dieses wunderbare Dessert machen kann ...

Für 4 Personen:

550 ml ungesüßte Mandelmilch
300 g bereits gekochter und abgekühlter Basmatireis
4 EL Ahornsirup, Grad A oder C
1 EL Rosinen
1/2 TL gemahlener Kardamom
1/3 TL gemahlene Kurkuma
1 EL Rosenwasser
1 EL gehackte Pistazien
3/4 TL getrocknete Rosenblätter (Rosenblättertee)

Die Mandelmilch in einem Topf erhitzen, vorgekochten Reis, Ahornsirup, Rosinen, Kardamom und Kurkuma hinzufügen und ca. 10 Minuten leise köcheln lassen, bis der Reis cremig wird. Das Rosenwasser hinzufügen. Den Reis auf Schalen verteilen und mit gehackten Pistazien und Rosenblättern angerichtet servieren.

FOOD PHARMACY **ROSENWASSER**

Rosenwasser ist ein natürliches Aroma, das besonders gern in der ayurvedischen Küche verwendet wird. Im Ayurveda gilt Rosenwasser als kühlendes Nahrungsmittel, das jedoch gleichzeitig das Verdauungsfeuer anregt. Darüber hinaus wird Rosenwasser eine allgemein ausgleichende Wirkung auf Herz und Gefühle, das hormonelle System und den Geist zugeschrieben.

APFEL-ZIMT-KUCHEN

Optional glutenfrei | Zeitaufwand: ca. 35 Minuten plus 40 Minuten Wartezeit

Apfel-Zimt-Kuchen ist eins meiner absoluten Lieblingsdesserts und weckt bei mir so viele schöne Kindheitserinnerungen. Diese gesunde Version hat meiner Meinung nach das Zeug dazu, ein Familienklassiker zu werden, an den sich unsere Enkel noch gern erinnern werden.

Den Backofen auf 180 °C Ober- und Unterhitze vorheizen.

Die Äpfel schälen, entkernen und klein würfeln. Kokosöl mit Ahornsirup und Zimt in einem Topf erhitzen. Gewürfelte Äpfel hinzufügen und unter Rühren ca. 3 Minuten kochen (die Apfelstücke sollten dabei nicht anbrennen). Wasser hinzufügen, die Hitze reduzieren und bei geschlossenem Deckel auf kleiner Stufe 5 Minuten leise köcheln lassen.

Alle Zutaten für den Teig glatt vermischen. Die Hälfte der gekochten Apfelstücke inklusive Kochflüssigkeit unterheben.

Eine 26-cm-Springform mit Kokosöl ausfetten und den Teig hineingeben. Die restlichen Apfelstückchen auf der Teigoberfläche verteilen.

Alle Zutaten für das Crumble mit den Händen verkneten und auf die Kuchenoberfläche bröseln. Den Kuchen ca. 40 Minuten backen. Am Ende der Backzeit sollte ein in den Teig gepikster Zahnstocher sauber wieder herauskommen.

Für eine 26-cm-Springform:

Für die Äpfel:
700 g säuerliche Äpfel
1 EL natives Kokosöl
1 EL Ahornsirup, Grad A oder C
1 TL Zimt
50 ml Wasser

Für den Teig:
200 g Dinkelmehl, Type 1050 (alternativ: meine glutenfreie Mehlmischung*, siehe S. 164)
60 g gemahlene Mandeln
2 TL Weinstein-Backpulver
2/3 TL Salz
abgeriebene Schale von 1 unbehandelten Zitrone
100 ml Ahornsirup, Grad A oder C
80 g natives Kokosöl, geschmolzen
150 g ungesüßtes Apfelmus

* zusätzlich zur glutenfreien Variante noch 3/4 EL gemahlene Chiasamen mit 3 EL Wasser vermischt hinzufügen.

Für das Crumble:
100 g gemahlene Mandeln
2 EL natives Kokosöl, streichfähig bei Zimmertemperatur
2 EL Ahornsirup, Grad A oder C
2 TL Zimt

GEBACKENE ANANAS MIT LIMETTENJOGHURT

Glutenfrei | Zeitaufwand: ca. 20 Minuten plus 20 Minuten Wartezeit

Durch das Backen im Ofen kann sich das volle Aroma der Ananas ganz wunderbar entfalten. Zusammen mit Limettenjoghurt und gerösteten Kokosflakes kommt sie daher wie ein sinnlicher Gruß aus der Südsee.

Für 4 Portionen:

Für die gegrillte Ananas:
4 ca. 1,5 cm dicke Scheiben Ananas, Schale entfernt
8 TL Kokosblütenzucker

Für den Limettenjoghurt:
400 g dickflüssiger Naturjoghurt (z. B. Kokos- oder Sojajoghurt)
4 EL Ahornsirup, Grad A oder C
abgeriebene Schale von 1 unbehandelten Limette

Zum Bestreuen:
3 EL Kokosflakes
ein paar Minzblättchen

Den Backofen auf 180 °C Umluft mit Oberhitze vorheizen.

Ein Backblech mit Backpapier auslegen und die Ananasscheiben darauflegen. Jede Scheibe mit 1 TL Kokosblütenzucker bestreuen. 10 Minuten im oberen Drittel des Backofens rösten. Die Oberfläche der Ananas sollte am Ende der Backzeit leicht gebräunt, aber nicht verbrannt sein.

Backblech aus dem Ofen nehmen, Ananasscheiben umdrehen und mit jeweils 1 TL Kokosblütenzucker bestreuen. Weitere 10 Minuten im oberen Backofendrittel rösten.

Den Joghurt mit Ahornsirup und abgeriebener Limettenschale vermischen und mit einem Schneebesen klümpchenfrei verrühren.

Die Kokosflakes zum Bestreuen in einer Pfanne ohne Fett anrösten, bis sie leicht gebräunt sind.

Pro Teller jeweils eine Scheibe gebackene Ananas mit Joghurt anrichten und mit gerösteten Kokosflakes und ein paar Minzblättchen bestreuen.

BLUTORANGENKUCHEN

Optional glutenfrei | Zeitaufwand: ca. 45 Minuten plus 1 Stunde Wartezeit

Blutorangen und Schokolade sind das Dreamteam schlechthin. Außerdem sehen die Früchte einfach spektakulär aus, wenn sie wie kleine Sonnen auf der Kuchenoberfläche strahlen. Sind gerade keine Blutorangen zu haben, kannst du auch normale Saftorangen verwenden.

Für eine 26-cm-Springform:

3 Bio-Blutorangen (alternativ: Bio-Saftorangen mit dünner Schale)
1 Banane, geschält und in Stücke geschnitten
200 ml Ahornsirup, Grad A oder C, plus 2 EL für die Form
150 ml mildes Olivenöl, plus etwas mehr für die Form
40 g ungesüßtes Kakaopulver
2 TL Zimt
200 g Dinkelmehl, Type 1050 (alternativ: meine glutenfreie Mehlmischung, siehe S. 164)
60 g gemahlene Mandeln
3/4 TL Salz
2 TL Weinstein-Backpulver
50 g Zartbitterschokolade, gehackt

Für den Orangensirup:
200 ml frisch gepresster Orangensaft
2 EL Ahornsirup, Grad A oder C

Eine der Blutorangen im Ganzen und mit Schale in einem Topf mit kochendem Wasser ca. 20 Minuten köcheln lassen.

Den Backofen auf 180 °C Ober- und Unterhitze vorheizen.

Die gekochte Blutorange kurz abkühlen lassen, in Stücke schneiden, Kerne entfernen und inklusive Schale in den Standmixer geben. Zusammen mit Banane, Ahornsirup, Olivenöl, Kakao und Zimt cremig pürieren. Mehl, gemahlene Mandeln, Salz und Backpulver vermischen. Mit der Masse aus dem Standmixer und der gehackten Schokolade verrühren.

Eine 26-cm-Springform mit Olivenöl ausreiben und 2 EL Ahornsirup auf dem Boden verteilen. 2 Blutorangen heiß abspülen und mitsamt Schale in dünne Scheiben schneiden. Dicht an dicht in die Form legen, den Teig darauf geben und 45 Minuten backen.

Die Zutaten für den Orangensirup in einem Topf zum Kochen bringen. Ca. 15–20 Minuten köcheln lassen, bis die Flüssigkeit um die Hälfte reduziert ist.

Den Kuchen aus dem Ofen nehmen und kurz abkühlen lassen. Den Teig mit einem Messer vom Springformrand lösen und den Rand entfernen. Mit einem langen Messer den Kuchen vom Springformboden lösen. Einen Kuchenteller umgedreht auf den Kuchen legen und samt Springformboden wenden. Den Springformboden vorsichtig ablösen. Den Kuchen gleichmäßig mit Orangensirup übergießen und abkühlen lassen.

BANANEN-SCHOKO-TARTE

Optional glutenfrei | Zeitaufwand: ca. 40 Minuten plus 1 Stunde Wartezeit

Diese Tarte ist so schokoladig-cremig-bananig-lecker. Für mich hat sie auf jeden Fall das Zeug zum Lieblingskuchen!

Alle Zutaten für den Mürbeteig glatt vermischen. Ist der Teig zu bröselig, bis zu 1 Esslöffel kaltes Wasser untermischen. Den Teig in eine gefettete Backform geben und mit den Händen gleichmäßig darin verteilen, einen Rand formen und fest andrücken. Mit einer Gabel den Rand gleichmäßig eindrücken, sodass ein Zackenmuster entsteht. Den Teigboden mit der Gabel mehrmals einstechen. Die Form mit dem Teig 30 Minuten in den Kühlschrank stellen.

Den Backofen auf 180 °C Ober- und Unterhitze vorheizen.

Cashewmus, Kokosöl, Kokosblütensirup und Kakao in einem Topf vermischen. Mithilfe eines Schneebesens das heiße Wasser langsam unterrühren. Maisstärke mit 2 EL Wasser vermischen und dazugeben. Unter Rühren 1 Minute köcheln lassen, bis eine puddingartige Konsistenz entsteht. Abkühlen lassen.

Den Teigboden ca. 15 Minuten blindbacken. Aus dem Ofen nehmen, mit der Schokocreme füllen und die Bananenhälften mit der Schnittseite nach oben dicht an dicht darauflegen. Die Oberfläche der Bananen mit 1 EL Ahornsirup einpinseln und die Tarte 30 Minuten backen.

Die Tarte aus dem Ofen nehmen und komplett abkühlen lassen. Schokolade im Wasserbad schmelzen und die Oberfläche damit beträufeln. Mit gehackten Haselnüssen bestreuen und servieren.

Für eine eckige 28x20-cm-Form (oder eine 26-cm-Springform):

Für den Mürbeteig:
- 100 g natives Kokosöl, streichfähig bei Zimmertemperatur
- 200 g Dinkelmehl, Type 1050 (alternativ: meine glutenfreie Mehlmischung*, siehe S. 164)
- 1/2 TL Salz
- 1,5 EL Ahornsirup, Grad A oder C
- 1 EL ungesüßtes Apfelmus

* zusätzlich zur glutenfreien Variante noch 1 EL gemahlene Chiasamen mit 3 EL Wasser vermischt hinzufügen.

Für den Belag:
- 100 g Cashewmus
- 20 g natives Kokosöl, geschmolzen
- 80 g Kokosblütensirup
- 30 g ungesüßtes Kakaopulver
- 400 ml heißes Wasser
- 2 TL Maisstärke
- 2 EL Wasser
- 3–4 Bananen, geschält und der Länge nach in Hälften geschnitten
- 1 EL Ahornsirup, Grad A oder C
- 40 g Zartbitterschokolade
- 2 EL geröstete Haselnüsse, gehackt

SOMMERFRUCHT-PÄCKCHEN

Glutenfrei | Zeitaufwand: ca. 15 Minuten plus 30 Minuten Wartezeit

Diese Päckchen sind echte »Sommerbomben«, denn sie enthalten die geballte Ladung sommerlicher Aromen frisch aus der Natur. Im Backofen entfalten die Früchte, mit etwas Sherry mariniert, ihren vollen, intensiven Geschmack. Mit einer Kugel Vanilleeis serviert, ergeben sie das beste Dessert, das der Sommer zu bieten hat.

Für 4 Personen:

1 EL geschälter und fein geriebener Ingwer
50 ml Sherry (alternativ: Orangen- oder Ananassaft)
2 EL Kokosblütenzucker
4 Nektarinen oder Pfirsiche (oder beides gemischt), entkernt und in Achtel geschnitten
4 Aprikosen, entkernt und geviertelt
4 EL Mandelblättchen

Den Backofen auf 180 °C Ober- und Unterhitze vorheizen.

Ingwer, Sherry und Kokosblütenzucker vermischen und die Früchte damit marinieren. 5 Minuten ziehen lassen.

4 Quadrate aus Backpapier schneiden, die Früchte und die übrig gebliebene Flüssigkeit auf die Pakete verteilen. Die Enden der Papiere zusammenbringen und mit Küchengarn zuschnüren. Auf ein Backblech setzen und ca. 30 Minuten backen.

Die Mandelblättchen in einer Pfanne ohne Fett anrösten, bis sie leicht gebräunt sind.

Die Fruchtpäckchen im Papier auf Teller setzen, das Garn lösen und die Früchte mit gerösteten Mandelblättchen bestreuen.

Dazu passt Vanilleeis (siehe S. 165).

POLENTA-ORANGENKUCHEN

Optional glutenfrei | Zeitaufwand: ca. 20 Minuten plus 30 Minuten Wartezeit

Polenta-Orangenkuchen ist ein schöner, schlichter Kuchen, der sehr saftig wird, weil er nach dem Backen mit selbst gemachtem Orangensirup übergossen wird.

Den Backofen auf 180 °C Ober- und Unterhitze vorheizen.

Alle Zutaten für den Teig in einer Schüssel glatt vermischen.

Eine 26-cm-Springform mit Kokosöl ausfetten, den Teig einfüllen und ca. 30 Minuten backen.

In der Zwischenzeit den Sirup zubereiten. Dafür alle Zutaten in einen Topf geben und zum Köcheln bringen. Ca. 5 Minuten köcheln lassen, bis die Flüssigkeit leicht reduziert ist.

Den Kuchen aus dem Ofen nehmen, mit einem Schaschlikspieß mehrere Löcher in die Oberfläche stechen und mit dem Sirup gleichmäßig beträufeln. Abkühlen lassen.

Mit Orangenscheiben garniert servieren.

Für eine 26-cm-Springform:

Für den Teig:
100 g schnell kochender Polentagrieß
100 g gemahlene Mandeln
150 g Dinkelmehl, Type 1050 (alternativ: meine glutenfreie Mehlmischung, siehe S. 164)
2 TL Weinstein-Backpulver
1/4 TL Salz
abgeriebene Schale von 2 unbehandelten Orangen
50 ml frisch gepresster Orangensaft
200 g ungesüßtes Apfelmus
120 g natives Kokosöl, geschmolzen, plus etwas mehr für die Form
120 ml Ahornsirup, Grad A oder C

Für den Sirup:
abgeriebene Schale von 1 unbehandelten Orange
200 ml frisch gepresster Orangensaft
50 ml Ahornsirup, Grad A oder C

Zum Dekorieren (optional):
ca. 5 Orangenscheiben

KLEINE ERDBEER-KUCHEN

Optional glutenfrei | Zeitaufwand: ca. 20 Minuten plus 20 Minuten Wartezeit

Diese Mini-Kuchen sind ganz schnell zubereitet und deshalb in der Erdbeersaison ein Dauerbrenner bei mir zu Hause. Einfacher kann man Kuchen für viele Leute nicht machen.

Für 12 kleine Kuchen:

Für den Teig:
200 g Dinkelmehl, Type 1050 (alternativ: meine glutenfreie Mehlmischung*, siehe S. 164)
60 g gemahlene Mandeln
2 TL Weinstein-Backpulver
2 TL Zimt
2/3 TL Salz
abgeriebene Schale von 1 unbehandelten Zitrone
100 ml Ahornsirup, Grad A oder C
80 g natives Kokosöl, geschmolzen
150 g ungesüßtes Apfelmus
100 g Erdbeeren, plus weitere zum Dekorieren

* zusätzlich zur glutenfreien Variante noch 3/4 EL gemahlene Chiasamen mit 3 EL Wasser vermischt hinzufügen.

Den Backofen auf 180 °C Ober- und Unterhitze vorheizen.

Alle Zutaten für den Teig, außer den Erdbeeren, in einer Schüssel glatt vermischen. Den Strunk der Erdbeeren entfernen, die Beeren würfeln und unter den Teig mischen.

Eine Mini-Gugelhupfform oder eine Muffinform mit Kokosöl ausfetten und den Teig darin verteilen.

Die Kuchen je nach Größe der Form ca. 20–25 Minuten backen, bis ein in den Teig gestochener Zahnstocher sauber wieder herauskommt.

Mit in Scheiben geschnittenen Erdbeeren dekoriert servieren.

FOOD PHARMACY **ERDBEEREN**
Erdbeeren wird eine stark entzündungshemmende Wirkung zugeschrieben. Das liegt zum Großteil an ihren sekundären Pflanzenstoffen, wie zum Beispiel den Anthocyanen. Ihr Gehalt steigt im Laufe der Reifung kontinuierlich an, deshalb sollten Erdbeeren am besten reif, regional und idealerweise in Bioqualität gekauft werden. Eine 2016 von der Universität Oklahoma durchgeführte Studie bewies, dass der regelmäßige Verzehr von Erdbeeren den körpereigenen Antioxidantienspiegel anhebt, sodass die Körperzellen besser vor Schädigungen geschützt werden.

JOGHURT-HIMBEER-TARTE

Optional glutenfrei | Zeitaufwand: ca. 30 Minuten plus 1 Stunde Wartezeit

Diese Tarte bereite ich in leicht veränderten Varianten schon seit Jahren zu. Besonders großen Erfolg hatte ich damit bei besonders wählerischen Kindern, die die Tarte immer mit großer Begeisterung essen.

Für eine 26-cm-Springform:

Für den Mürbeteig:
100 g natives Kokosöl, streichfähig bei Zimmertemperatur
200 g Dinkelmehl, Type 1050 (alternativ: meine glutenfreie Mehlmischung*, siehe S. 164)
1/2 TL Salz
1,5 EL Ahornsirup, Grad A oder C
1 EL ungesüßtes Apfelmus

* zusätzlich zur glutenfreien Variante noch 1 EL gemahlene Chiasamen mit 3 EL Wasser vermischt hinzufügen.

Für die Füllung:
250 g ungesüßter Sojajoghurt
100 ml Ahornsirup, Grad A oder C
30 g Maisstärke
2 EL frisch gepresster Zitronensaft
250 g Himbeeren (frisch oder tiefgekühlt und aufgetaut)

Für den Mürbeteig alle Zutaten glatt vermischen. Eine 26-cm-Springform mit Kokosöl ausreiben, den Teig hineinbröckeln, mit den Händen gleichmäßig in der Form verteilen, andrücken und dabei einen Rand formen. Mit einer Gabel den Rand gleichmäßig eindrücken, sodass ein Zackenmuster entsteht. Den Boden mit der Gabel mehrmals einstechen. Die Form mit dem Teig 30 Minuten in den Kühlschrank stellen.

Den Backofen auf 180 °C Ober- und Unterhitze vorheizen.

Den Teig 12 Minuten blindbacken.

Für die Füllung alle Zutaten, außer den Himbeeren, mit einem Schneebesen verrühren. Die aufgetauten Himbeeren untermischen. Falls frische Himbeeren verwendet werden, diese vor dem Untermischen etwas mit einer Gabel zerdrücken.

Die Füllung in den Teigboden füllen und ca. 25 Minuten backen, bis sie fest geworden ist.

FOOD PHARMACY **HIMBEEREN**

Die Himbeere stammt ursprünglich von der Waldhimbeere ab, einer kleinen säuerlichen Frucht, die im Mittelalter erstmals in Klostergärten kultiviert wurde. Schon in der Antike wurde die Himbeere als Heilmittel geschätzt, und auch heute gilt sie als entzündungshemmend und blutreinigend. Es ist kein Zufall, dass ein bekannter Buchtitel lautet: »Krebszellen mögen keine Himbeeren«, denn tatsächlich gehen Forscher davon aus, dass die sekundären Pflanzenstoffe der Himbeeren Krebszellen im Körper vermindern können.

CRÊPES MIT BIRNENFÜLLUNG

Optional glutenfrei | Zeitaufwand: ca. 30 Minuten

Da mein Mann Thomas kein Gluten essen darf, freuen wir uns immer beide, wenn mir mal wieder ein Rezept für bestimmte Lieblingsgerichte in glutenfrei gelingt. Dazu gehören auf jeden Fall auch diese Crêpes, die mir glutenfrei sogar noch ein bisschen besser schmecken als mit Dinkelmehl.

Mehl, Kokosblütenzucker und Salz in einer Schüssel vermischen. Für die glutenfreie Version 2 EL Tapiokastärke ergänzen. Mandelmilch, Mineralwasser und Kokosöl langsam hinzufügen und mit dem Schneebesen glatt verrühren. Den Teig 5 Minuten ruhen lassen.

In der Zwischenzeit in einem Topf die Birnenstücke mit Apfelsaft und Zimt zum Köcheln bringen. Bei geschlossenem Deckel 10–12 Minuten köcheln lassen, bis die Birnen weich sind und die Flüssigkeit auf ein Minimum reduziert ist.

Eine große antihaftbeschichtete Pfanne erhitzen. Die Pfanne mithilfe von Küchenpapier mit Kokosöl einfetten, sodass sich das Fett gleichmäßig verteilt. Portionen in der Größe von einer 3/4 Suppenkelle in die Pfanne geben und die Pfanne schwenken, bis sich der Teig gleichmäßig verteilt. Ca. 3–4 Minuten anbraten, bis die Crêpe auf der Unterseite leicht gebräunt ist und sich mithilfe eines Pfannenhebers gut wenden lässt. (Achtung: Wenn man die Crêpe zu früh wendet, geht sie kaputt!) Auf der anderen Seite ca. 2 Minuten anbraten.

Für Zucker & Zimt den Kokosblütenzucker in einer kleinen Schüssel mit Zimt vermischen. Die Crêpes mit den Birnen füllen, mit Zucker & Zimt bestreuen und sofort servieren.

Für 4 Personen
(ergibt ca. 4–5 Crêpes):

Für die Crepes:
150 g Dinkelmehl, Type 1050 (alternativ: meine glutenfreie Mehlmischung*, siehe S. 164)
1 EL Kokosblütenzucker
1 Prise Salz
250 ml ungesüßte Mandelmilch
100 ml Mineralwasser mit Kohlensäure
1 EL natives Kokosöl, geschmolzen, plus etwas mehr für die Pfanne

* zusätzlich zur glutenfreien Variante noch 2 EL Tapiokastärke hinzufügen.

Für die Birnenfüllung:
4 reife Williamsbirnen, entkernt und klein gewürfelt
300 ml Apfelsaft
2/3 TL Zimt

Für Zucker & Zimt:
1 EL Kokosblütenzucker
1 TL Zimt

Keep calm
and
cook on.

ENTSPANNT GÄSTE EMPFANGEN

Ich mag es, wenn Gäste zum Essen kommen, denn ich koche einfach gern für andere. Manchmal zelebriere ich das und mache den ganzen Tag über nichts anderes, als in der Küche zu stehen. Andere Male muss es schnell gehen, weil ich bis kurz vor Ankunft der Gäste noch arbeiten muss. Es ist wie mit allen Dingen im Leben: Flexibilität ist gefragt. Und Lockerheit. Denn wer will schon megagestresst in der Küche stehen, wenn liebe Freunde da sind, mit denen man eine gute Zeit verbringen will?

Kürzlich kam ein befreundetes Paar mit einer ganzen Wagenladung Kinder zu uns zum Essen. Da ich gerade mal wieder Kekse testete, dachte ich, dass ich diese auch gleich zum Nachtisch servieren könnte. Es war ein brandneues Rezept für glutenfreie Cookies. Ich machte den letzten Handgriff am Teig, als bereits 6 Personen in der Küche standen und durcheinanderredeten. Ich muss mich mit der Menge des Fetts vertan haben, jedenfalls flossen die Kekse alle ins Endlose auseinander und wurden ganz krümelig.

Da ich immer noch eine feste Vorstellung meines Keksnachtischs im Kopf hatte (hallo Flexibilität und Lockerheit, wo seid ihr, wenn man euch braucht??), mischte ich einen zweiten Keksteig zusammen und schob die Kekse in den Ofen. Dann schnell wieder zurück ins Getümmel und Geschichten erzählt, Hundetricks vorgeführt und ein paarmal gelacht ... und plötzlich riecht es so komisch aus Richtung Küche. Oje, die Kekse! Traurige, harte, dunkelbraune Briketts anstatt knuspriger Cookies. Jetzt stellten sich Flexibilität und Lockerheit endlich ein – ich hatte auch schon ein Glas Wein getrunken. Also entspannte ich mich und servierte meinen ersten verunglückten Keksversuch (die Briketts waren in den Mülleimer gewandert). Und so saßen wir auf dem Boden im Wohnzimmer, lachten, erzählten, fanden die verunglückten Kekse trotz allem erstaunlich lecker und verteilten feine glutenfreie Krümel im Flokatiteppich.

Was ich dir mit dieser Geschichte erzählen will? Erstens: Mach keine abenteuerlichen Backversuche ohne Rezept, wenn du Gäste erwartest. Zweitens: Benutze immer einen Timer, wenn du Kekse backst. Und drittens: Bereite ein Dessert im Voraus zu, das du im Kühlschrank oder Tiefkühlfach aufbewahren kannst und das du – Simsalabim – auch im abgelenkten oder angeschickerten Zustand deinen Gästen ganz elegant servieren kannst. So ist es dann einfach, locker und flexibel zu bleiben. Cheers!

MOUSSE-AU-CHOCOLAT-TÖRTCHEN

Optional glutenfrei | Zeitaufwand: ca. 45 Minuten plus 2 Stunden Wartezeit

Diese Törtchen hebe ich mir für die allerbesten Freunde und die schönsten Abende auf, denn sie sind so lecker! Die luftige Mousse ist mit dem seit einiger Zeit allgegenwärtigen Aquafaba (der Flüssigkeit von Kichererbsen aus dem Glas) gemacht und schmeckt einfach wunderbar.

Für 12 Stück:

Für die Mousse au Chocolat:
160 g Zartbitterschokolade
2 EL ungesüßtes Kakaopulver
200 ml Aquafaba (die Flüssigkeit von zwei 350-Gramm-Gläsern Kichererbsen)
2 EL Ahornsirup, Grad A oder C

Für den Mürbeteig:
120 g Dinkelmehl, Type 1050 (alternativ: meine glutenfreie Mehlmischung*, siehe S. 164)
60 g natives Kokosöl, streichfähig bei Zimmertemperatur
1 EL Ahornsirup, Grad A oder C
1/2 EL ungesüßtes Apfelmus
1/4 TL Salz

* zusätzlich zur glutenfreien Variante noch 1 TL gemahlene Chiasamen mit 1 EL Wasser vermischt hinzufügen.

Zum Dekorieren (optional):
ein paar Beeren

Die Schokolade für die Mousse au Chocolat hacken und im Wasserbad schmelzen. In eine Schüssel füllen, mit dem Kakao glatt verrühren und ca. 5 Minuten abkühlen lassen. In der Zwischenzeit das Aquafaba mit Ahornsirup vermischen und mit dem Handrührgerät 3–5 Minuten auf höchster Stufe schlagen, bis es fest wird wie Eischnee.

1 bis 2 EL vom Aquafaba zur geschmolzenen Schokolade hinzufügen und cremig rühren. Dann das Aquafaba in 4 Portionen nacheinander zur Schokolade geben und immer erst unterrühren, bevor die nächste Portion hinzugefügt wird. Die Mousse mindestens 2 Stunden in den Kühlschrank stellen.

Alle Zutaten für den Mürbeteig glatt vermischen und den Teig in 12 Portionen aufteilen. Eine Muffinform mit Papierförmchen auskleiden und in jedes Förmchen eine Portion Teig geben, mit den Fingern flach drücken und einen kleinen Rand formen. Den Teigboden mit einer Gabel dreimal einstechen. 30 Minuten in den Kühlschrank stellen.

Den Backofen auf 180 °C Ober- und Unterhitze vorheizen.

Den Teig ca. 13–15 Minuten backen, bis er leicht gebräunt ist. Aus dem Ofen nehmen und komplett abkühlen lassen. Die Mousse au Chocolat erst kurz vor dem Servieren in die Teigförmchen füllen. Bei Bedarf mit ein paar Beeren dekorieren.

AVOCADO-MINZEIS MIT SCHOKOLADE

Glutenfrei | Zeitaufwand: ca. 15 Minuten plus mindestens 30 Minuten Wartezeit

Avocados eignen sich wegen ihrer zarten Cremigkeit perfekt für die Herstellung von Desserts. Und hier verleihen sie einem Minzeis nicht nur die passende Farbe, sondern auch eine wunderbar schmelzende Konsistenz.

Für ca. 520 g:

300 g Avocado-Fruchtfleisch (von ca. 2 Avocados)
der feste Anteil von 400 ml Bio-Kokosmilch*
15 g frische Minzblätter
50 ml frisch gepresster Zitronensaft
100 ml Ahornsirup, Grad A oder C
30 g Zartbitterschokolade, gekauft oder selbst gemacht (siehe S. 164)

* Die Kokosmilch sollte keine anderen Zutaten außer Kokosnuss und Wasser enthalten, damit sich der Fettanteil vom wässrigen Anteil trennt.

Avocado-Fruchtfleisch würfeln. Den festen Anteil der Kokosmilch entnehmen. Das sollten ca. 130–150 g sein. Hat sich der feste Anteil nicht abgesetzt, die Kokosmilch ca. 20 Minuten kühlen.

Avocado und Kokos mit allen anderen Zutaten, außer der Schokolade, im Häcksler cremig pürieren. In der Eismaschine nach Herstelleranweisung zu Eiscreme verarbeiten.

Die Zartbitterschokolade fein hacken und unter die Eiscreme rühren. Das Eis entweder sofort servieren oder noch 2 Stunden tiefkühlen. 15 Minuten vor dem Servieren aus dem Tiefkühler nehmen.

FOOD PHARMACY **MINZE**

Minze wird bereits seit Jahrtausenden als Heilkraut verwendet. Schon beim Zerreiben eines Minzblatts entweicht der unverkennbare Duft der Minze, der vom ätherischen Pfefferminzöl kommt, das eine antibakterielle und antivirale Wirkung hat. Gleichzeitig ist die Minze ein echtes Magenkraut, da sie den Magen-Darm-Trakt beruhigt und gleichzeitig die Verdauung reguliert.

Für immer

Manche Dessert-Klassiker kann man eigentlich nicht mehr besser machen, außer wenn man sie mit gesünderen Zutaten neu interpretiert. So dürfen unsere liebsten Rezepte auch weiterhin in unserem Leben bleiben und uns den ein oder anderen Tag ein bisschen süßer machen.

APFELTARTE

Zeitaufwand: ca. 30 Minuten plus ca. 1 Stunde und 15 Minuten Wartezeit

Diese Apfeltarte erinnert an die klassische Tarte Tatin, wobei ich sie nicht kopfüber backe, da es »richtig herum« einfacher geht und der Boden intakt bleibt. Ich finde, eine Apfeltarte geht immer und passt zu jeder Gelegenheit.

Für eine 26-cm-Springform:

Für den Mürbeteig:
2 TL gemahlene Chiasamen
2 EL Wasser
100 g natives Kokosöl, streichfähig bei Zimmertemperatur, plus etwas mehr für die Form
200 g Dinkelmehl, Type 1050*
1/2 TL Salz
1,5 EL Ahornsirup, Grad A oder C
1 EL ungesüßtes Apfelmus

* Dieses Rezept funktioniert glutenfrei leider nicht, da der Teig durch die Saftigkeit des Apfelbelags zu porös wird.

Für den Belag:
40 g natives Kokosöl
50 ml Ahornsirup, Grad A oder C
1 EL Kokosblütensirup
1 TL Zimt
abgeriebene Schale von 1 unbehandelten Zitrone
1 kg kleine bis mittelgroße Äpfel, geschält, entkernt und geviertelt
200 g ungesüßtes Apfelmus

Für den Mürbeteig die gemahlenen Chiasamen in einer kleinen Schüssel mit 2 EL Wasser vermischen und 5 Minuten quellen lassen. Dann alle Teigzutaten glatt vermischen. Eine 26-cm-Springform mit Kokosöl ausfetten, den Teig gleichmäßig darin verteilen und einen kleinen Rand formen. Den Boden mit einer Gabel mehrmals einstechen und die Form mit dem Teig für 30 Minuten in den Kühlschrank stellen.

Den Backofen auf 180 °C Ober- und Unterhitze vorheizen.

Für den Belag Kokosöl, Ahornsirup, Kokosblütensirup, Zimt und Zitronenschale in einer großen, tiefen Pfanne erhitzen und glatt verrühren. Äpfel und Apfelmus hinzufügen und ca. 20 Minuten bei geschlossenem Deckel leise köcheln lassen. Die Apfelstücke zwischendurch wenden. Dann den Deckel entfernen und weitere 5 Minuten köcheln lassen, die Äpfel dabei leicht bewegen und wenden. Am Ende der Kochzeit sollte die Flüssigkeit stark reduziert und karamellartig sein, die Äpfel sollten gar sein.

In der Zwischenzeit den Teigboden 15 Minuten ohne Füllung backen. Aus dem Ofen nehmen, die Äpfel in die Teigform füllen und weitere 30 Minuten backen.

ORANGEN-SCHOKO-COOKIES

Glutenfrei | Zeitaufwand: ca. 20 Minuten plus 10 Minuten Wartezeit

Ungefähr eine Sekunde habe ich scharf darüber nachgedacht, ob Cookies wirklich ein Dessert sind. Kam dann aber schnell zu dem Schluss: Aber natürlich! Denn was ist köstlicher als ein frisch gebackener Keks? Mein Tipp: Bereite den Keksteig im Voraus zu, backe die Cookies aber erst kurz vor dem Servieren. Denn warm aus dem Ofen sind diese Cookies einfach unwiderstehlich. An einem nostalgischen Tag könntest du ein Glas frische Mandelmilch dazu servieren.

Für ca. 36 Stück:

200 g Mandelmehl (Achtung: nicht gemahlene Mandeln!)
1/2 TL Salz
100 g natives Kokosöl, streichfähig bei Zimmertemperatur
120 ml Ahornsirup, Grad A oder C
1 TL Orangenöl*
80 g Zartbitterschokolade

* wird in kleinen Röhrchen in der Backabteilung im Bioladen verkauft.

Den Backofen auf 180 °C Ober- und Unterhitze vorheizen.

Alle Zutaten, außer der Schokolade, zu einem glatten Teig verrühren. Die Schokolade hacken und untermischen.

Teelöffelgroße Portionen des Teigs entnehmen, zu Kugeln formen, auf ein mit Backpapier ausgelegtes Backblech legen und zu 1 cm dicken Keksen flach drücken.

Die Cookies ca. 10 Minuten auf mittlerer Schiene backen. Am besten schmecken sie frisch aus dem Ofen mit einem Glas selbst gemachter Mandelmilch (siehe S. 166).

BRATÄPFEL MIT VANILLESAUCE

Glutenfrei | Zeitaufwand: ca. 30 Minuten plus 1 Stunde Wartezeit

Dieses Dessert passt genauso perfekt zum Winter wie Schneemänner, Bommelmützen, Schlittenfahrten, Glühwein und weiße Atemwolken vor leuchtenden Gesichtern.

Für 4 Personen:

Für die Bratäpfel:
4 mittelgroße Äpfel
50 g Walnüsse
2 EL gemahlene Mandeln
3 EL Kokosblütenzucker
1 EL Cranberrys, gehackt
2 TL geschälter und fein gehackter Ingwer
1 TL Zimt
1/4 TL Salz
2 EL mildes Olivenöl plus 3 EL zum Beträufeln
250 ml Apfelsaft
abgeriebene Schale von 1 unbehandelten Zitrone

Für die Vanillesauce:
500 ml ungesüßte Mandelmilch
1,5 EL Maisstärke
2 EL weißes Mandelmus
4 EL Ahornsirup, Grad A oder C
1–2 TL* Vanilleextrakt, gekauft oder selbst gemacht (siehe S. 165)

* je nach Intensität des Extrakts. Vom selbst gemachten Extrakt 2 TL benutzen.

Den Backofen auf 180 °C Ober- und Unterhitze vorheizen.

Das Kerngehäuse der Äpfel mit einem schlanken Messer oder einem Entkerner entfernen. Eine ofenfeste Form ausfetten. Die Äpfel hineinsetzen.

Walnüsse in einer Pfanne ohne Fett anrösten, bis sie leicht gebräunt sind. Fein hacken und mit gemahlenen Mandeln, Kokosblütenzucker, Cranberrys, Ingwer, Zimt, Salz und 2 EL Olivenöl mischen und die Äpfel damit befüllen. Wenn noch etwas von der Füllung übrig ist, diese in der Form verteilen.

Apfelsaft, 3 EL Olivenöl und abgeriebene Zitronenschale vermischen und die Äpfel damit beträufeln. Den Rest in die Ofenform geben. Die Äpfel ca. 1 Stunde backen, bis sie weich sind. Zwischendurch immer wieder mit der Flüssigkeit aus der Form beträufeln.

Für die Vanillesauce 5 EL der Mandelmilch in eine kleine Schüssel geben und mit der Maisstärke glatt vermischen. Die restliche Milch mit Mandelmus, Ahornsirup und Vanilleextrakt in einem Topf erhitzen und dabei mit einem Schneebesen rühren, sodass sich das Mandelmus komplett auflöst. Sobald es köchelt, die angerührte Maisstärke unterrühren. Eine weitere Minute unter Rühren köcheln. Vom Herd nehmen und abkühlen lassen. Vor dem Servieren mit dem Schneebesen nochmals gut durchrühren.

Die Bratäpfel mit dem Saft aus der Form und mit Vanillesauce servieren.

»Wir sollten Kuchen essen. Denn Stress kann in der Gegenwart von Kuchen nicht existieren.«

David Mamet, Schriftsteller

VON NEUEN HEILIGEN, DIE KUCHEN BACKEN

Manchmal, wenn gerade wieder irgendwo auf der Welt ein großes Unheil geschehen ist, frage ich mich in den Tagen darauf, ob ich es überhaupt rechtfertigen kann, mich angesichts des Elends mit gutem Essen und dem schönen Leben zu beschäftigen, was ja nun zu meiner Arbeit gehört. Und natürlich wirkt im Verhältnis zum Schrecken und zum Schmerz, den viele Menschen tagtäglich erleben, so ein Stückchen Kuchen oder ein Rezept für eine Mousse au Chocolat irrelevant.

Vor Jahren las ich den Artikel einer Psychologin, die Flüchtlinge direkt nach der Flucht aus dem Krisengebiet betreute. Eines der häufigsten Themen, über das die Menschen mit ihr reden wollten, war nicht der Schrecken der Vertreibung und die politische Lage. Es war die Liebe. Es waren Beziehungen. So ticken wir Menschen. Die Liebe spendet uns Trost, gerade in schwierigen Zeiten. Und Essen gehört zur Liebe und zu Beziehungen untrennbar dazu. Es bringt uns zusammen an einen Tisch. Es entspannt und nährt uns, regt uns an und befriedigt uns. Es ist sinnlich, wenn es von zwei Liebenden bei Kerzenlicht gegessen wird. Es ist lustig, wenn sich zwei Freundinnen an einem freien Nachmittag darüber hermachen. Es wirkt verbindend, wenn zwei Fremde es zum ersten Mal miteinander teilen. Es ist, was es ist. Aber es ist nicht bedeutungslos.

Neulich habe ich ein schönes Zitat gelesen: »Wenn es dunkel ist, schau nach den Sternen. Wenn es regnet, suche den Regenbogen.« Ich denke, das ist der beste Rat, den wir in schwierigen Zeiten befolgen können. Und wenn es gerade nichts konkret zu tun und zu helfen gibt, dann sollten wir ruhig mal die Nachrichten ausschalten, denn wie wir alle wissen, werden große Probleme nicht kleiner, wenn wir sie besonders lange und intensiv anstarren. Ganz im Gegenteil haben sie die dumme Angewohnheit, durch unsere Aufmerksamkeit größer zu werden. Warum konnten Heilige heilen und Wunder vollbringen? Weil sie nicht die Krankheit sahen, sondern die Gesundheit. Und weil sie andere dazu inspirierten, das Licht zu suchen und nicht die Dunkelheit.

Ich finde, unsere Welt könnte ein paar neue Heilige gebrauchen. Heilige, die man daran erkennt, dass sie viel kichern und alles nicht so ernst nehmen. Die das Leben als großes Spiel begreifen, das gespielt werden will, selbst wenn man mal verliert. Und die trotz aller Traurigkeit auf der Welt jeden Tag mit einem Lächeln aufstehen und trotz aller Ungerechtigkeiten weiterhin Kuchen backen und sich selbst und anderen damit Freude schenken. So kann nämlich die Welt, Kuchen für Kuchen und ganz und gar unaufhaltsam, zu einem besseren Ort werden. Und wenn du jetzt sagst, ich bin eine Träumerin, dann antworte ich: Stimmt. Also lass uns Kuchen backen!

BROWNIES

Optional glutenfrei | Zeitaufwand: ca. 20 Minuten plus 25 Minuten Wartezeit

Brownies dürfen in keinem Dessertbuch fehlen, denn jeder, der Schokolade mag, liebt auch diese saftigen, intensiven Schokokuchenstücke. Ich mische meinen Brownies pürierte Avocados bei, so werden sie noch ein bisschen gesünder und erhalten außerdem eine perfekte Konsistenz.

Für ca. 12 Stück:

100 g gemahlene Mandeln
100 g Dinkelmehl, 1050 (alternativ: meine glutenfreie Mehlmischung, siehe S. 164)
30 g ungesüßtes Kakaopulver
2 TL Weinstein-Backpulver
1/4 TL Salz
2 mittelgroße Avocados
100 g ungesüßtes Apfelmus
80 ml Ahornsirup, Grad A oder C
80 g natives Kokosöl, geschmolzen
150 g Zartbitterschokolade, gehackt
50 g Walnusshälften, grob gehackt

Den Backofen auf 180 °C Ober- und Unterhitze vorheizen.

Gemahlene Mandeln, Mehl, Kakao, Backpulver und Salz in einer Schüssel vermischen.

Avocados schälen, entkernen, mit einer Gabel zu Mus zerdrücken und zur Mischung in der Schüssel geben. Apfelmus, Ahornsirup und Kokosöl hinzufügen und glatt untermischen. 2/3 der gehackten Schokolade hinzufügen und glatt vermischen.

Eine rechteckige Backform (ca. 28 × 20 cm) mit Backpapier auslegen und den Teig einfüllen. Walnüsse und die restliche Schokolade auf der Teigoberfläche verteilen.

Ca. 25 Minuten backen, bis ein in den Teig gestochener Zahnstocher sauber wieder herauskommt. Aus dem Ofen nehmen und komplett abkühlen lassen. Den Teig erst in Stücke schneiden, wenn er kalt ist.

FUN FACT **BROWNIES**

Um die Geschichte der Brownies rankt sich der ein oder andere Mythos. Manche sagen, dass sie nach den gleichnamigen Elfen- und Zwergenwesen benannt wurden. Andere sind sich sicher, dass sie so heißen, weil sie eben braun sind (mir gefällt die erste Erklärung eindeutig besser). Ziemlich sicher ist, dass sie in Amerika zum ersten Mal serviert wurden und dass dies am Ende des 19. Jahrhunderts geschah. Wer genau der erste Brownie-Bäcker war, ist allerdings genauso unklar wie die Antwort auf die Frage, ob die Brownies ein »Backunglück« waren, bei dem der Bäcker vergessen hatte, genügend Backtriebmittel zu benutzen, und so den flachen Brownie erfand. Klar wiederum ist, dass Brownies mittlerweile die Welt im Sturm erobert haben und von schätzungsweise 99,99 Prozent der Menschheit gemocht werden.

ERDBEERCRUMBLE

Optional glutenfrei | Zeitaufwand: ca. 20 Minuten plus 25 Minuten Wartezeit

Crumbles sind die »Lieblings-Jeans« unter den Desserts: Sie sind praktisch, sehen gut aus, machen keine Mühe, dafür aber immer einen guten Eindruck.

Den Backofen auf 180 °C Ober- und Unterhitze vorheizen.

Die Erdbeeren waschen, den Strunk entfernen und die Beeren je nach Größe in Hälften oder Viertel schneiden. In einer Schüssel mit Zitronensaft, Ahornsirup, Salz und etwas schwarzem Pfeffer vermischen.

Für das Crumble alle Zutaten in einer Schüssel miteinander vermischen.

4 kleine Ofenförmchen mit Kokosöl ausreiben. Die marinierten Erdbeeren einfüllen und das Crumble mit den Händen darauf verteilen.

Ca. 25 Minuten backen. Zwischendurch kontrollieren, dass das Crumble nicht zu dunkel wird, und gegebenenfalls für den Rest der Backzeit abdecken. Je nach Ofen kann es aber auch sein, dass die Oberfläche des Crumbles gegen Ende der Backzeit noch zu hell ist. Dann auf Oberhitze und Umluft umschalten und weitere 3–5 Minuten backen, bis die Oberfläche gebräunt ist.

Das Crumble warm servieren. Dazu schmeckt Vanilleeis (siehe S. 165).

Für 4 kleine Ofenförmchen:

Für die Erdbeerfüllung:
400 g Erdbeeren
1 EL frisch gepresster Zitronensaft
1,5 EL Ahornsirup, Grad A oder C
1 Prise Salz
frisch gemahlener schwarzer Pfeffer

Für das Crumble:
50 g Haferflocken, Feinblatt, bei Bedarf glutenfrei
50 g gemahlene Mandeln
40 g natives Kokosöl, streichfähig bei Zimmertemperatur, plus etwas mehr für die Förmchen
1 EL Ahornsirup, Grad A oder C
1 Prise Salz

SCHOKOLOCO-EIS

Glutenfrei | Zeitaufwand: ca. 20 Minuten plus mindestens 1 Stunde Wartezeit

Wenn du das Kind in mir fragen würdest, was es zum Nachtisch möchte, würde es antworten: Schokoeis mit Schokosauce! Voilà, der Wunsch sei ihm gewährt.

Für ca. 8 Portionen:

Für das Schokoeis:
200 g Cashewkerne
400 ml Kokosmilch
100 ml Ahornsirup, Grad A oder C
20 g natives Kokosöl, geschmolzen
1/4 TL Salz
40 g ungesüßtes Kakaopulver

Für die Schokosauce:
60 g natives Kokosöl, geschmolzen
4 EL Ahornsirup, Grad A oder C
4 EL ungesüßtes Kakaopulver

Cashewkerne in eine Schüssel geben, mit heißem Wasser bedecken und 1 Stunde einweichen lassen (alternativ in kaltem Wasser mindestens 4 Stunden einweichen lassen). In ein Sieb geben und mit Wasser abspülen.

Cashewkerne mit allen anderen Eis-Zutaten im Standmixer cremig pürieren. In einer Eismaschine nach Herstelleranweisung zu Eiscreme verarbeiten.

Die Eiscreme entweder sofort servieren oder in eine Tupperdose füllen und bis zum Servieren tiefkühlen. Ca. 20 Minuten vor dem Servieren aus dem Tiefkühler nehmen.

Die Zutaten für die Schokosauce glatt vermischen. Das Eis portionieren, die Sauce darüberträufeln und servieren.

FOOD PHARMACY **KAKAO**

Die Kakaobohne ist eine der besten natürlichen Magnesiumquellen, die uns zur Verfügung stehen. Magnesium wirkt im Körper entzündungshemmend, fördert die Herzgesundheit, lindert Kopfschmerzen und wirkt entspannend auf Muskulatur und Gemüt. Vielleicht ist dies einer der Gründe, warum viele von uns in stressigen Situationen instinktiv zur Schokolade greifen. Mit einem selbst gemachten Schokoladen-Snack ist die Wirkungsweise natürlich besser, da keine künstlichen Aromen und stark verarbeiteten Inhaltsstoffe die positive Wirkung des Kakaos mindern.

MILCHKAFFEE-CREME CARAMEL

Glutenfrei | Zeitaufwand: ca. 15 Minuten plus 6 Stunden Wartezeit

Creme Caramel geht eigentlich ganz einfach. Man muss keinen Zucker karamellisieren und auch nicht darauf achten, dass bloß nichts anbrennt. Stattdessen nimmt man einfach Kokosblütensirup und verwendet ihn als Karamell. Das ist gesünder als karamellisierter weißer Zucker und schmeckt mindestens genauso gut.

Für 2 Personen:

400 ml Kokosmilch
3 EL Kokosblütensirup, plus 2 EL für die Förmchen
2 TL löslicher Instant-Kaffee
1 Prise Salz
30 g Maisstärke
50 ml ungesüßte Mandelmilch

Die Kokosmilch mit Kokosblütensirup, Instant-Kaffee und einer Prise Salz in einem Topf zum Kochen bringen. In einer kleinen Schüssel Maisstärke mit Mandelmilch glatt verrühren, zur köchelnden Kokosmilch hinzufügen und dabei mit einem Schneebesen kräftig rühren. Die Hitze reduzieren und ca. 1 Minute unter Rühren köcheln lassen.

Zwei Glas- oder Keramikförmchen mit kaltem Wasser ausspülen und jeweils 1 EL Kokosblütensirup auf dem Boden verteilen. Das ergibt später die Karamellsauce. Dann erst die Creme einfüllen. Mindestens 6 Stunden im Kühlschrank fest werden lassen.

Die Creme Caramel im Förmchen mit den Händen leicht bewegen, sodass sie sich vom Rand löst. Einen Teller verkehrt herum auf die Oberfläche des Förmchens aufsetzen, alles wenden und auf den Teller stürzen.

ZITRONENEIS IN DER SCHALE

Glutenfrei | Zeitaufwand: ca. 45 Minuten plus mindestens 5 Stunden Wartezeit

Zitroneneis in der Schale gehört für die meisten Menschen nicht zu den Dessert-Klassikern. Für mich allerdings schon, da es die mit Eis gefüllten Zitronen in jedem Restaurant in der Nähe von Barcelona gab, wo ich die Sommer meiner Kindheit im Haus meiner Tante verbrachte.

Für 4 Stück:

200 g Cashewkerne
4 kleine unbehandelte Zitronen
200 ml Kokosmilch
20 g natives Kokosöl, geschmolzen
60 ml Ahornsirup, Grad A oder C
abgeriebene Schale von
 1 unbehandelten Zitrone
1 Prise Salz
1/2 TL gemahlene Kurkuma

Cashewkerne in eine Schüssel geben, mit heißem Wasser bedecken und 1 Stunde einweichen lassen (alternativ in kaltem Wasser mindestens 4 Stunden einweichen lassen). In ein Sieb geben und mit Wasser abspülen.

Zitronen heiß abwaschen und abtrocknen. Das obere Viertel abschneiden und als Deckel verwenden. Deckel und Zitronen jeweils vorsichtig auspressen. 80 ml Zitronensaft für die Herstellung des Eises abmessen und für später beiseitestellen. Dann das übrige Fruchtfleisch mit einem Teelöffel herauskratzen. Dabei muss die innerste Schicht der Zitronen entfernt werden, an der die Lamellenstruktur der Zitrone haftet. Das ist ein bisschen mühsam, funktioniert mit etwas Kraft, Zeit und Geschick aber gut. Ein kleines Stück der Zitronenunterseiten abschneiden, sodass die Zitronen aufrecht stehen können, ohne umzufallen.

Cashewkerne, 80 ml Zitronensaft, Kokosmilch, Kokosöl, Ahornsirup, Zitronenschale, Salz und Kurkuma im Standmixer 2–3 Minuten auf höchster Stufe fein pürieren. In einer Eismaschine nach Herstelleranweisung zu Eiscreme verarbeiten.

Die Zitronen dicht an dicht, damit sie nicht umfallen, in eine mit Backpapier ausgelegte Tupperdose stellen. Das Eis in die Zitronen füllen und die Zitronendeckel auf das Eis setzen.

Alles mit Folie abdecken und mindestens 4 Stunden tiefkühlen. Ca. 20 Minuten vor dem Servieren aus dem Tiefkühler nehmen.

MILCHREISPUDDING

Glutenfrei | Zeitaufwand: ca. 35 Minuten

Mit diesem einfachen Rezept wird der Kindheitsklassiker wunderbar cremig und fein aromatisch. Und natürlich dürfen auch Zucker & Zimt nicht fehlen – in meiner Version mit blutzuckerfreundlichem Kokosblütenzucker gemacht.

Für 4 Personen:

Für den Milchreispudding:
80 g Rundkornreis für Milchreis
400 ml ungesüßte Mandelmilch
400 ml Wasser
3 EL Ahornsirup, Grad A oder C
abgeriebene Schale von 1/2 unbehandelten Orange
2 TL Vanilleextrakt, gekauft oder selbst gemacht (siehe S. 165)
1 Prise Salz
20 g Maisstärke

Für Zucker & Zimt:
1 EL Kokosblütenzucker
1 TL Zimt

Den Reis in ein Sieb geben und waschen. 200 ml der Mandelmilch abmessen und zusammen mit Reis, Wasser, Ahornsirup, Orangenschale, Vanilleextrakt und Salz in einem Topf zum Köcheln bringen. Die Hitze etwas reduzieren und 20–25 Minuten köcheln lassen, bis der Reis bissfest ist.

Von den restlichen 200 ml Mandelmilch 2 EL abnehmen und in einer Schüssel mit Maisstärke glatt verrühren. Die restliche Mandelmilch zum Reis in den Topf geben und dann die angerührte Maisstärke mit einem Schneebesen unterrühren. 1 Minute köcheln lassen und dabei weiterrühren. Abkühlen lassen.

Für Zucker & Zimt den Kokosblütenzucker und den Zimt vermischen.

Den Milchreispudding auf kleine Schüsseln verteilen und mit Zucker & Zimt bestreut servieren.

ROHES TIRAMISU

Glutenfrei | Zeitaufwand: ca. 30 Minuten plus 9 Stunden Wartezeit

Ich bin ein großer Fan von Tiramisu. Und für dieses Buch hatte ich mir in den Kopf gesetzt, es mit vollwertigen Zutaten und glutenfrei völlig neu zu interpretieren. Der Weg dahin war nicht einfach, aber ich finde, er hat sich gelohnt! Aus völlig anderen und gesünderen Zutaten ist der Klassiker neu entstanden und zieht einen körperlich jetzt überhaupt nicht mehr runter, sondern nur noch hoch, hoch, hoch! (Tiramisu heißt übersetzt: Zieh mich hoch!).

Für 4 Personen:

Für den Cashew-Mascarpone:
200 g Cashewkerne
100 g fester Anteil von einer 400-ml-Dose Kokosmilch*
80 ml Wasser
50 g natives Kokosöl, geschmolzen
4 EL Ahornsirup, Grad A oder C
3 EL brauner Rum

* Für dieses Rezept funktioniert am besten Bio-Kokosmilch, die außer Kokos und Wasser keine weiteren Zutaten enthält. Bei warmen Temperaturen sollte sie vor dem Verwenden gekühlt werden.

Für den Teig:
160 g gemahlene Mandeln
50 ml stark gebrühter Espresso
3 EL brauner Rum
2 EL Ahornsirup, Grad A und C
1,5 EL natives Kokosöl, geschmolzen
1/4 TL Salz

Zum Bestreuen:
1 EL ungesüßtes Kakaopulver

Die Cashewkerne für den Mascarpone 4 Stunden in kaltem Wasser einweichen (alternativ 1 Stunde in heißem Wasser).

Cashewkerne in ein Sieb geben und abwaschen. Die Kokosmilch-Dose öffnen. Die Milch sollte in einen festen und einen flüssigen Teil aufgeteilt sein. 100 g vom festen Anteil abwiegen und zusammen mit den Cashewkernen und den übrigen Zutaten für den Mascarpone im Standmixer cremig pürieren. Es sollte eine feine Creme ohne Stückchen entstehen.

Für den Teig alle Zutaten in einer Schüssel miteinander vermischen.

In 4 kleine Gläser jeweils 1 gehäuften EL vom Teig geben und gleichmäßig darin verteilen. Mit 3 EL Mascarpone bedecken. Dann wieder jeweils 1 gehäuften EL der Teigmasse entnehmen, zur Kugel formen, flach drücken, sodass eine Scheibe vom Durchmesser des Glases entsteht, und auf die Mascarponeschicht setzen. Den Rest des Mascarpone auf die Gläser verteilen und mit einem Löffel glatt verstreichen. Mit Folie abdecken und mindestens 8 Stunden oder über Nacht in den Kühlschrank stellen.

Kurz vor dem Servieren Kakaopulver zum Bestreuen in ein kleines Sieb geben und die Oberfläche des Tiramisu damit kräftig bestäuben.

GROSSZÜGIG KOCHEN UND MIT HINGABE ESSEN

»Widme dich der Liebe und dem Kochen mit ganzem Herzen.«

Der Dalai Lama

Auf einem unserer Retreats unterhielten wir uns am Abend bei Tisch über lustige Situationen, die wir in Restaurants erlebt haben. Meine persönlichen Highlights stammen aus den Jahren, in denen ich in Berlin gelebt habe, was sicherlich dem Umstand geschuldet ist, dass sich Berliner noch nie besonders um Konventionen geschert haben. In einer Situation beschwerte sich ein Gast am Nebentisch darüber, dass seine Suppe nur lauwarm sei. Daraufhin steckte die Kellnerin ihren Finger in die Suppe und meinte: »Ich finde, sie ist ziemlich heiß.« Ein anderes Mal bestellte ich in einem französischen Restaurant einen Salat mit Flusskrebsen. Einer der Krebse verströmte einen verdächtig unangenehmen Geruch. Der Kellner, den ich darauf ansprach, beugte sich mit besorgtem Blick über den kleinen Krebs und französelte: »Vielleischt war er krank?« Die dritte Situation, die mir in lebendiger Erinnerung blieb, war der Koch, der sich in einem kleinen Restaurant von hinten an mich heranschlich und mich fast zu Tode erschreckte, als er mir plötzlich mit obszöner Stimme ins Ohr hauchte: »Und, wie war es?« (Wenn du »es« mit »ich« vertauschst, dann weißt du, nach was sich das angehört hat.)

Über die letzte Geschichte habe ich noch länger nachgedacht, denn sie drückt etwas aus, von dem sich bestimmt keiner von uns wirklich frei machen kann: Wir kochen und wollen dafür gelobt werden. Ja, wir gehen noch einen Schritt weiter und zeigen unser Essen auf Instagram oder auf Facebook und empfinden Genugtuung, wenn wir möglichst viele »Likes« dafür erhalten. Und dabei spiegelt sich im Kochen und Essen nur etwas wider, was sich in unserem ganzen Leben abspielt: Wir tun etwas, um etwas dafür zu bekommen. Nur ist so eine Haltung ziemlich kleinlich und macht uns tatsächlich auch kleiner, als wir sind, denn wir machen uns abhängig vom Urteil anderer, anstatt einfach Freude zu empfinden bei dem, was wir tun. Weißt du, was heute ein fast schon revolutionärer Akt wäre? Großzügig sein. Das Kochen genießen, von Herzen geben und nichts dafür erwarten. In einer Gesellschaft, die von Lob und Kritik lebt, eine schockierende Haltung.

Dabei ist Großzügigkeit das wichtigste Element beim Kochen. Man spürt es in jedem Detail der Mahlzeit. Die Liebe, mit der der Koch seine Zutaten auswählt; die Hingabe, mit der er kocht; die Portionen, die ein Gefühl von »genug« beim Essenden erzeugen. Nichts zurückhalten und mit offenen Armen geben – so kocht man richtig. Und egal, was auf den Tisch kommt, ob es einfach ist oder aufwendig, es entsteht eine perfekte Mahlzeit. Man könnte Wasser mit dieser Haltung servieren, und es wäre das köstlichste Getränk überhaupt.

Ich erinnere mich an ein Restaurant auf Kreta, in dem mein Mann und ich vor Jahren gegessen haben. Es lag auf einem einsamen Hügel, und die Gerichte wurden im traditionellen Ton-Ofen zubereitet. Ich weiß nicht mehr genau, was wir gegessen haben, ich weiß nur, dass es köstlich war. Das gesamte Erlebnis war wunderbar. Der Koch brachte nach und nach die verschiedensten Teller mit liebevoll angerichtetem Essen. Danach führte er uns zu seinem Maulbeerbaum, wo wir ein paar frische Beeren zum Nachtisch aßen. Danach bestand er darauf, dass wir uns in seinem privaten Haus ausruhen, bevor wir mit dem Auto zurück in unser Hotel fuhren. Ich werde diesen Tag und dieses Essen nie vergessen, denn es erzeugte ein Gefühl von Großzügigkeit.

Kennst du das perfekte Paar für ein unvergessliches Essen? Großzügigkeit und die Fähigkeit zu genießen. Wenn der eine großzügig gibt und der andere genießt, dann entstehen legendäre Momente, die viel mehr sind als kochen und essen. Dann entsteht eine Art Liebestanz – und das wäre dann auch der Moment, in dem Menschen seufzen: »Das ist besser als Sex!« Für diese Momente muss man einfach dankbar sein. Da kann kein »Like« oder »Dislike« mehr mithalten, denn das – ja das! – ist das wahre Leben.

Wie kannst du Großzügigkeit trainieren? Unter anderem mit Desserts, die Hingabe erfordern. Schon klar, dass alle immer Rezepte haben wollen, die in 5 Minuten fertig sind. Manchmal lohnt es sich aber, ein bisschen mehr Zeit zu investieren und die Zubereitung mit Lust und Muße zu zelebrieren. Wenn ich noch mal kurz den Sex bemühen darf: Ein Quickie kann mal okay sein, aber eigentlich stehen wir doch alle auf die ausschweifendere Version, oder nicht? Also stell dein Telefon aus, geh in die Küche und widme dich dem Kochen mit ganzem Herzen. Nicht nur werden deine Gerichte besser schmecken, man wird auch die Liebe spüren, mit der du sie zubereitet hast. Nun gilt es nur noch, das Dessert mit liebevoller Aufmerksamkeit zu servieren und mit Genuss zu essen – und alles ist gut.

MOUSSE AU CHOCOLAT

Glutenfrei | Zeitaufwand: ca. 15 Minuten plus 2 Stunden Wartezeit

Falls du dich bis jetzt noch nicht an Aquafaba herangetraut hast, dann ist jetzt der Moment gekommen, denn es ist absolut erstaunlich, wie einfach und lecker diese Mousse damit gelingt. Und falls du gerade fragen wolltest ... nein, nach Kichererbsen schmeckt sie ganz sicher nicht!

Für 4 Personen:

160 g Zartbitterschokolade plus etwas mehr für die Deko
2 EL ungesüßtes Kakaopulver
200 ml Aquafaba (die Flüssigkeit von zwei 350-Gramm-Gläsern Kichererbsen)
2 EL Ahornsirup, Grad A oder C
ein paar Beeren zum Dekorieren

Die Schokolade hacken und im Wasserbad schmelzen. In eine Schüssel füllen, mit dem Kakao glatt verrühren und ca. 5 Minuten abkühlen lassen. In der Zwischenzeit das Aquafaba mit Ahornsirup vermischen und mit dem Handrührgerät 3–5 Minuten auf höchster Stufe schlagen, bis es fest wird wie Eischnee.

1 bis 2 EL vom Aquafaba zur geschmolzenen Schokolade hinzufügen und cremig rühren. Dann das Aquafaba in 4 Portionen nacheinander zur Schokolade geben und immer erst unterrühren, bevor die nächste Portion hinzugefügt wird. Die Mousse mindestens 2 Stunden in den Kühlschrank stellen.

Die Mousse au Chocolat erst kurz vor dem Servieren aus dem Kühlschrank nehmen. Jetzt nicht mehr umrühren! Die Mousse mit einem großen Löffel portionsweise auf Tellern verteilen. Wer möchte, raspelt feine Schokoladenflocken darüber und dekoriert mit ein paar Beeren.

FUN FACT **AQUAFABA**

Der poetisch anmutende Name Aquafaba setzt sich aus den lateinischen Worten Aqua (Wasser) und Faba (Bohne) zusammen. Das Bohnenwasser ist seit einiger Zeit der Hit der veganen Küche, da es wie Eiweiß aufgeschlagen werden kann und so ein perfekter Ei-Ersatz in Mousse, Kuchen und Baisers ist. Der Kichererbsen-Geschmack wird bei einer Mousse wie dieser übrigens von den anderen Zutaten so überdeckt, dass man ihn absolut nicht herausschmeckt.

APFELCRUMBLE

Optional glutenfrei | Zeitaufwand: ca. 35 Minuten plus 1 Stunde Wartezeit

Warme Äpfel mit Orangen, Zimt und Sherry und einer Kruste aus Mandeln, Walnüssen und Haferflocken – so gut kann nur ein Apfelcrumble sein!

Für 8 Personen:

Für die Füllung:

1 kg Äpfel
2 unbehandelte Orangen
5 Medjool-Datteln, entkernt und klein gewürfelt
1 TL Zimt
50 g Kokosblütenzucker
250 ml Apfelsaft
2 EL Sherry (alternativ: Apfelsaft)
2 EL frisch gepresster Zitronensaft
2 TL Maisstärke

Für das Crumble:

80 g gemahlene Mandeln
80 g Haferflocken, Kleinblatt, optional glutenfrei
60 g Dinkelmehl, Type 1050 (alternativ: meine glutenfreie Mehlmischung, siehe S. 164)
80 g Walnüsse, gehackt
80 g natives Kokosöl, plus etwas mehr für die Ofenform
4 EL Ahornsirup, Grad A oder C
1 TL Zimt
1/4 TL Salz

Den Backofen auf 180 °C Ober- und Unterhitze vorheizen.

Für die Füllung Äpfel schälen, entkernen, würfeln und in eine Schüssel füllen.

Die Schale von 1 Orange abreiben und zu den Äpfeln geben. Beide Orangen schälen und das Fruchtfleisch würfeln. Zusammen mit allen anderen Zutaten für die Füllung unter die Äpfel mischen.

Für das Crumble alle Zutaten mit den Händen gründlich vermischen.

Eine Ofenform mit Kokosöl ausfetten und die Fruchtmischung einfüllen. Das Crumble mit den Händen locker auf der Oberfläche verteilen.

Ca. 55 Minuten backen. Zwischendurch kontrollieren, dass das Crumble nicht zu dunkel wird, und bei Bedarf für den Rest der Backzeit abdecken.

Das Crumble schmeckt besonders gut mit Vanilleeis (siehe S. 165).

ZITRONENTARTE

Optional glutenfrei | Zeitaufwand: ca. 30 Minuten plus 1 Stunde Wartezeit

Zitronentarte ist eins meiner liebsten Desserts, weil ich die Verbindung aus Säure und Süße einfach genial finde. Meiner Meinung nach kann man sie zu jeder Gelegenheit servieren, denn Zitronentarte ist gewissermaßen das Kleine Schwarze unter den Desserts und passt eigentlich immer.

Für eine 26-cm-Springform:

Für den Mürbeteig:
100 g natives Kokosöl, streichfähig bei Zimmertemperatur
200 g Dinkelmehl, Type 1050 (alternativ: meine glutenfreie Mehlmischung*, siehe S. 164)
1/2 TL Salz
1,5 EL Ahornsirup, Grad A oder C
1 EL ungesüßtes Apfelmus

* zusätzlich zur glutenfreien Variante noch 1 EL gemahlene Chiasamen mit 3 EL Wasser vermischt hinzufügen.

Für die Zitronencreme:
120 g Cashewmus (alternativ: weißes Mandelmus)
25 g natives Kokosöl, geschmolzen
400 ml heißes Wasser
120 ml Ahornsirup, Grad A
abgeriebene Schale von 1 unbehandelten Zitrone
100 ml frisch gepresster Zitronensaft
1/2 TL gemahlene Kurkuma
30 g Maisstärke
1 EL Birkenpuderzucker (siehe S. 164)

Alle Zutaten für den Mürbeteig glatt vermischen. Es sollte ein elastischer Teig entstehen. Wenn er zu trocken ist, bis zu 1 Esslöffel kaltes Wasser untermischen. Den Teig in eine gefettete 26-cm-Springform geben, mit den Händen gleichmäßig darin verteilen, einen Rand formen und fest andrücken. Mit einer Gabel den Rand gleichmäßig eindrücken, sodass ein Zackenmuster entsteht. Den Teigboden mit der Gabel mehrmals einstechen und 30 Minuten in den Kühlschrank stellen.

Den Backofen auf 180 °C Ober- und Unterhitze vorheizen.

Den Teig ca. 15–17 Minuten blindbacken, bis er am Rand leicht gebräunt ist.

Alle Zutaten für die Zitronencreme, außer dem Birkenpuderzucker, im Standmixer glatt vermischen. In einen Topf geben und unter Rühren zum Köcheln bringen. Hitze reduzieren und weitere 2 Minuten unter Rühren leicht köcheln lassen. In den vorgebackenen Mürbeteigboden füllen und 10 Minuten backen.

Aus dem Ofen nehmen und vor dem Servieren abkühlen lassen.

Die Tarte mit Birkenpuderzucker bestäubt servieren.

Für Last Minute

Die Zeit rennt und ein Dessert muss her! Bevor du zur nächsten Tankstelle läufst, um eine Last-Minute-Süßigkeit zu kaufen, bereite lieber ein schnelles und gesünderes Dessert selber zu. Dein Körper wird es dir danken.

ERDBEERSUPPE

Glutenfrei | Zeitaufwand: ca. 10 Minuten

Ich mag den Werbespruch »Geiz ist geil« überhaupt nicht, weil ich gänzlich anderer Meinung bin. Im Fall von dieser Suppe würde ich allerdings behaupten, dass weniger tatsächlich mehr ist und ein Nachtisch aus »geizigen« drei Zutaten »geiler« schmecken kann als jede raffinierte Dessertkreation.

Für 4 Personen:

500 g Erdbeeren, plus 2 Erdbeeren zum Dekorieren
4 EL Ahornsirup, Grad A oder C
4 EL Naturjoghurt (z. B. Kokos oder Soja)
optional: ein paar essbare Blüten und/oder Minzblättchen zum Dekorieren

Erdbeeren, Ahornsirup und Joghurt im Standmixer pürieren. Die Suppe bis zum Servieren kaltstellen.

Zum Servieren in Schalen oder Suppenteller füllen. Die Erdbeeren zum Dekorieren der Länge nach in Scheiben schneiden und auf die Suppe legen.

Optional mit essbaren Blüten oder Minzblättchen dekorieren.

FUN FACT **ERDBEEREN**

Die Erdbeere ist die einzige Frucht, die ihre Samen außen trägt. Eine normale Erdbeere ist mit 200 kleinen Samen umhüllt. Sie zählt unter Botanikern übrigens nicht zur Familie der Beeren, sondern zu der der Rosengewächse. Genauso wie die Rose hat auch die Erdbeere eine romantische Assoziation. So wurde schon vor Jahrhunderten in Frankreich Frischvermählten eine Erdbeersuppe serviert, um die Liebeskräfte zu stärken.

MANGO-SORBET

Glutenfrei | Zeitaufwand: ca. 5 Minuten

Für diesen Nachtisch musst du dich nur kurz vom Tisch erheben, in die Küche zu deinem Standmixer gehen und vier Zutaten darin pürieren, um dann fünf Minuten später mit einem zart schmelzenden Sorbet zurück an den Tisch zu kommen und deine Gäste damit sehr, sehr glücklich zu machen.

Für 4 Personen:

300 g gefrorenes
 Mangofruchtfleisch
200 ml Apfelsaft
2 EL Ahornsirup, Grad A oder C
1 EL frisch gepresster Limettensaft

Alle Zutaten für das Sorbet in einem leistungsstarken Standmixer cremig pürieren.

Sofort servieren.

FUN FACT **MANGO**

»Es gibt in Indien nur zwei Jahreszeiten: den Monsun und die Mango. Der eine erquickt die Erde, die andere die Seele.« Dieses indische Sprichwort bringt zum Ausdruck, wie groß die Bedeutung der Mango in Indien ist. Sie wird nicht nur gerne gegessen, sondern hat auch eine spirituelle Bedeutung. Schließlich wurde sie bereits in den hinduistischen Veden um 1200 v. Chr. als Götterspeise gepriesen und wird auch heute noch als Opfergabe den Göttern dargeboten. Auch für die Buddhisten ist die Mango ein Symbol innerer Stärke, denn Buddha soll am liebsten im Schatten eines Mangobaumes meditiert und neue Kraft geschöpft haben.

POCHIERTE LAVENDEL-APRIKOSEN

Glutenfrei | Zeitaufwand: ca. 15 Minuten

In der Aprikosensaison ist dies mein absolutes Lieblingsdessert, denn es ist unglaublich aromatisch und gleichzeitig so einfach herzustellen. Aus gerade mal 4 Zutaten entsteht ein Nachtisch, der das volle Aroma des Sommers auf den Teller bringt.

Für 4 Personen:

350 ml Weißwein (alternativ: Apfelsaft)
50 ml Ahornsirup, Grad A oder C
2/3 TL getrockneter Lavendel, in Lebensmittelqualität
6 Aprikosen, in Hälften geschnitten und entkernt

In einer tiefen Pfanne Weißwein, Ahornsirup und Lavendel zum Köcheln bringen.

Aprikosenhälften mit der Schnittseite nach unten in die Flüssigkeit legen und ca. 5 Minuten köcheln lassen. Dann wenden und weitere 2 Minuten köcheln lassen. Die Aprikosen herausnehmen und pro Person 3 Hälften in einer Schale anrichten.

Die Flüssigkeit ein paar Minuten weiterköcheln lassen, bis sie sirupartig wird. Den Sirup durch ein Sieb gießen, sodass der Lavendel entsorgt werden kann, und die Aprikosen mit dem Sirup beträufeln.

Dazu passt ein Klecks Joghurt (siehe S. 167), Vanilleeis (siehe S. 165) oder Cashew-Mascarpone (siehe S. 166).

MELONEN-MINZSUPPE

Glutenfrei | Zeitaufwand: ca. 15 Minuten

Dies ist ein einfaches und erfrischendes Rezept, das perfekt zu einem lauen Sommerabend passt. Am besten schmeckt die Suppe, wenn die Melone vor der Zubereitung gut gekühlt wird. Wer mag, verwendet einen Mix aus Zucker- und Wassermelonenkugeln als Einlage, dann sieht die Suppe noch sommerlicher aus.

Für 4 Personen:

ca. 1,6 kg Cantaloupe-Melone (gewogen im Ganzen inklusive Schale), gekühlt
8 Minzblättchen, plus 8 zum Dekorieren
6 EL frisch gepresster Limettensaft
2–4 EL Ahornsirup, Grad A oder C nach Geschmack (je nach Süße der Melone)
1/2 Zuckermelone

Die Cantaloupe-Melone halbieren, Kerngehäuse mit einem Löffel entfernen, Fruchtfleisch würfeln und mit Minzblättchen, Limettensaft und Ahornsirup im Standmixer cremig pürieren. Auf 4 Suppenteller aufteilen.

Mit einem Kugelausstecher 12 Kugeln aus der Zuckermelone ausstechen und jeweils 3 in jede Suppe geben.

8 Minzblättchen in feine Streifen schneiden und die Suppen damit bestreuen.

FOOD PHARMACY **MELONE**

Melonen schmecken nicht nur erfrischend und süß, sondern sie liefern auch eine beachtliche Menge an Kalium, das für eine optimale Reizübertragung der Muskeln verantwortlich ist. Deshalb solltest du, wenn du häufiger an Muskelkrämpfen leidest, nicht nur an Magnesium, sondern auch an Kalium denken und mehr kaliumreiche Lebensmittel essen. Da Kalium auch für die richtige Reizleitung des Herzens sorgt, kann ein gesunder Kaliumhaushalt Herzrhythmusstörungen vorbeugen.

KOCHEN WIE EIN KÜNSTLER

*»Kochen ist eine Kunst.
Und keineswegs die unbedeutendste.«*

Luciano Pavarotti, Sänger

Kochen ist für mich in seinem besten Sinne Kunst. Die Art, wie ein Koch seine Palette an Nahrungsmitteln zusammenstellt und dabei nicht nur ihre Farbe, sondern auch ihren Duft, ihren Geschmack, ihre Konsistenz und ihre Reaktion auf Wärme dabei berücksichtigt, ist höchste Kreativität. Wenn alles gut geht, entsteht ein multisensorisches Kunstwerk, das zwar schnell aufgegessen ist, aber für immer einen Eindruck bei dem hinterlässt, der es wirklich genossen hat. Ich kann dir noch genau den Geschmack eines Matcha-Teekuchens beschreiben, den ich vor 15 Jahren in Paris gegessen habe. Oder die Weincreme meiner Großmutter, die sie mir vor über 20 Jahren zum letzten Mal serviert hat. In der Regel kochen wir nicht mit dem Bewusstsein, ein Kunstwerk zu erschaffen, das eventuell einen bleibenden Eindruck bei uns selbst oder anderen hinterlässt. Aber wie wäre es, wenn wir das ändern würden?

Einer der Gründe, warum ich gesundes Kochen und Backen so spannend finde, ist, dass viele Bereiche davon noch neu und unerforscht sind. Ich fühle mich dabei wie ein Künstler, der statt ins Atelier in die Küche geht – riecht, schmeckt, ausprobiert, weiterarbeitet und Varianten erschafft, bis am Ende ein Ergebnis herauskommt, das mich begeistert. Genau wie in der Kunst sollte man auch beim Kochen einen freien Geist pflegen. Denn Freigeister kochen am besten. Wer anders als ein Freigeist würde auf die verrücktesten Geschmackskombinationen kommen, die ganz neu, aber einfach gut sind?

Wie kannst du den Freigeist in dir wecken, wenn du gerade am Kochen bist? Indem du neugierig bleibst und ein bisschen verspielt. Indem du alte Regeln fallen lässt (»Das passt nicht«, »Das geht nicht zusammen«). Indem du liebst, was du tust. Indem du dich ganz dem Moment des Kochens hingibst. Indem du überlegst »Was wäre, wenn …?«

Kunst ist Alchemie. Sie schafft neue Zusammenhänge, lässt Dinge miteinander verschmelzen und neue Kontexte entstehen. Genau das Gleiche gilt für die gute Küche. Sie bedient sich aus der großzügigen Palette der Natur, die uns unendlich viele Möglichkeiten anbietet. Dann brauchen wir nur noch das richtige Timing, die passende Konsistenz und ein fein abgestimmtes Aroma, und heraus kommt das Kunstwerk in Form eines Desserts, das – mit etwas Glück – für immer in Erinnerung bleiben wird.

BEEREN-SOFTEIS

Glutenfrei | Zeitaufwand: ca. 5 Minuten

Beeren-Softeis ist ein herrlich erfrischendes Dessert und sollte direkt vor dem Servieren zubereitet werden. Denn nur dann ist das Eis so schön cremig, schmelzig und einfach gut.

Für 2–3 Portionen:

250 g tiefgekühlte Beeren (zum Beispiel Himbeeren oder Waldbeeren)
100 g Naturjoghurt (zum Beispiel Kokos oder Soja)
3,5 EL Ahornsirup, Grad A oder C

Die tiefgekühlten Beeren in einen Häcksler geben und zerkleinern. Dann Naturjoghurt und Ahornsirup hinzufügen und zu einem cremigen Eis verarbeiten. Sofort servieren.

FUN FACT **SOFTEIS**

Viele der besten Erfindungen fußen auf einem Missgeschick. So auch das Softeis. Der gebürtige Grieche Tom Carvel besaß einen Kühllieferwagen, mit dem er im Nordosten der USA von Stadt zu Stadt fuhr, um Speiseeis zu verkaufen. Eines Tages, im Jahr 1934, hatte sein Lieferwagen eine Panne, und sein Eis taute langsam auf. In seiner Not versuchte er, so viel vom schmelzenden Eis zu verkaufen wie möglich. Dabei bemerkte er, dass seine Kundschaft das weichere Eis ganz besonders gerne mochte. Also beschloss er, auch in Zukunft »Softeis« zu verkaufen, und entwickelte eine Maschine, in der das Eis weich gehalten werden konnte. Er eröffnete seine erste Eisdiele und hatte mit seiner Eismarke »Carvel« so viel Erfolg, dass er eine Kette mit über 800 Filialen daraus machte.

MAROKKANISCHE ORANGENPLATTE

Glutenfrei | Zeitaufwand: ca. 20 Minuten

In Kombination mit Zimt, Granatapfel, Pistazien und frischer Minze wird aus einfachen Orangenscheiben eine orientalische Dessertplatte, die einen genauso lässigen wie leckeren Abschluss eines schönen Abends bildet.

Für 4 Personen:

6 Orangen
3 EL Ahornsirup, Grad A oder C
abgeriebene Schale von 1 unbehandelten Orange
2 EL frisch gepresster Zitronensaft
1/2 TL Zimt
1 Granatapfel
2 EL fein gehackte Pistazien
ca. 20 kleine Minzblättchen

Die Orangen mit einem scharfen Messer schälen, sodass auch die weiße Haut komplett entfernt wird. Die geschälten Orangen in Scheiben schneiden und auf einer großen Platte anrichten.

Ahornsirup mit abgeriebener Orangenschale und Zitronensaft vermischen und über den Orangen verteilen. Mit Zimt bestreuen.

Den Granatapfel in zwei Hälften schneiden. Die Hälften nacheinander mit der Schnittseite nach unten über eine große Schüssel halten und mit einem Kochlöffel die Kerne herausschlagen. Die Granatapfelkerne auf den Orangenscheiben verteilen.

Die gehackten Pistazien kurz in einer Pfanne anrösten. Über die Früchte streuen und mit Minzblättchen garniert servieren.

MANGO MIT KOKOSSTREUSELN

Glutenfrei | Zeitaufwand: ca. 15 Minuten

Ich liebe Desserts, die aus frischen Früchten bestehen und die man durch klitzekleine Handgriffe zu wahren Köstlichkeiten machen kann. Hier sind es die gerösteten und mit Limette aromatisierten Kokosraspeln, die aus einer einfachen Mango ein Dessert mit Asia-Flair zaubern.

Für 2 Portionen:

1 reife Mango, geschält, entkernt und gewürfelt
3 EL Kokosraspel
1 EL natives Kokosöl
1 EL Ahornsirup, Grad A oder C
2 EL frisch gepresster Limettensaft
1 Limette, in Viertel geschnitten, als Deko

Die gewürfelte Mango auf einer Platte anrichten.

Kokosraspel in einer Pfanne trocken anrösten, bis sie leicht gebräunt sind. Vom Herd nehmen, Kokosöl hinzufügen und in der Pfanne schmelzen lassen. Mit Ahornsirup und Limettensaft vermischen und direkt warm über den Mangostücken verteilen.

Mit Limettenvierteln angerichtet servieren.

WELLCUISINE-TIPP: Wer mag, kann zusätzlich noch ein paar Himbeeren und/oder Blaubeeren als Farbtupfer hinzufügen.

HEISSE ÄPFEL MIT SCHOKOLADE

Glutenfrei | Zeitaufwand: ca. 15 Minuten

Dies ist ein Dessert, das man »à la minute« zubereitet. Also in dem Moment, in dem sich die Gäste nach dem Hauptgericht zufrieden zurücklehnen und die Frage nach Nachtisch aufkommt. Um noch ein bisschen schneller zu sein, kannst du die Äpfel bereits im Voraus schälen, entkernen und klein würfeln. Mit Zitronensaft beträufelt können sie so im Kühlschrank auf ihren Einsatz warten.

Für 4 Personen:

1 EL natives Kokosöl
1 EL geschälter und fein gehackter Ingwer
4 mittelgroße säuerliche Äpfel, geschält, entkernt und klein gewürfelt
150 ml Apfelsaft
2 EL Mandelblättchen
80 g Zartbitterschokolade, gekauft oder selbst gemacht (siehe S. 164)
1 Prise Zimt

Das Kokosöl in einem Topf erhitzen und den Ingwer unter Rühren 30 Sekunden anbraten, dann Apfelstücke und Apfelsaft hinzufügen. Die Hitze reduzieren und das Ganze bei geschlossenem Deckel ca. 10 Minuten leise köcheln lassen.

In der Zwischenzeit Mandelblättchen in einer Pfanne ohne Fett anrösten, bis sie leicht gebräunt sind.

Zartbitterschokolade grob hacken. 4 hitzebeständige Gläser mit kochendem Wasser ausspülen und die Zartbitterschokolade hineinfüllen. Die heißen Äpfel daraufgeben, sodass die Schokolade schmilzt. Mit einer Prise Zimt und Mandelblättchen bestreut sofort servieren.

Dazu schmeckt Vanilleeis (siehe S. 165).

FOOD PHARMACY ÄPFEL

Es ist wirklich kein Witz, dass ein Apfel am Tag den Doktor fernhält. Denn Äpfel sind ein echtes heimisches Superfood. Zu ihren besten Eigenschaften zählt, dass sie das Darmmilieu pflegen und unsere Leber unterstützen. Die sekundären Pflanzenwirkstoffe im Apfel, die Polyphenole, wirken als eine Art Schutzelixier für die Leber. In Studien hat sich gezeigt, dass die Polyphenole die Leberzellen auch bei starker Belastung – wie zum Beispiel bei der Einnahme starker Schmerzmittel – vor Schädigungen schützen können.

LIEBLINGSSCHOKOPUDDING

Glutenfrei | Zeitaufwand: ca. 10 Minuten plus 10 Minuten Wartezeit

Manchmal sind die einfachsten Dinge die besten, zum Beispiel dieser Schokopudding, der fast genauso schnell gemacht ist wie einer aus der Tüte und dabei so viel besser schmeckt. Der Trick ist, echte Schokolade für die Zubereitung zu verwenden und sie in der heißen Flüssigkeit schmelzen zu lassen. Ein wahrer Genuss für alle Schokofreunde!

Für 4 Personen:

400 ml Kokosmilch
50 ml Ahornsirup, Grad A oder C
1 TL Zimt
1 Prise Salz
50 g Zartbitterschokolade
20 g Maisstärke
3 EL ungesüßte Mandelmilch
optional: eine Handvoll Beeren zum Garnieren

Kokosmilch, Ahornsirup, Zimt und Salz glatt verrühren und in einem Topf zum Kochen bringen.

Die Schokolade grob hacken, in den Topf geben und unter Rühren auflösen.

Maisstärke und Mandelmilch in einer kleinen Schüssel vermischen und mithilfe eines Schneebesens unter die heiße Mischung im Topf rühren. 2 Minuten unter ständigem Rühren leise weiterköcheln lassen.

Den Pudding im Topf abkühlen lassen. Zwischendurch mit dem Schneebesen umrühren, damit sich keine Haut bildet.

Vor dem Servieren noch mal kräftig durchrühren, auf kurze Gläser oder Schüsseln aufteilen und optional mit Beeren garniert servieren.

FUN FACT **PUDDING**

Der Ursprung des Wortes »Pudding« ist umstritten, stammt aber vermutlich vom altfranzösischen Wort »bodin« für Blutwurst. Und tatsächlich waren die ursprünglich in Großbritannien als Pudding bezeichneten Gerichte eine Mischung aus Fleisch, Brot und Gemüse, die in einem Tuch im kochenden Wasserbad zubereitet wurden und so eine Knödelform erhielten. Die ersten süßen Puddings waren die britischen »Christmas puddings«, die in Scheiben geschnitten serviert werden. Diese Süßspeise war so beliebt, dass sich im Englischen der Begriff Pudding allgemein für Desserts durchsetzte. Der heute im deutschsprachigen Raum bekannte Milchpudding, der mit Stärke und Zucker angerührt wird, wurde erst im 19. Jahrhundert erfunden und diente ursprünglich der Stärkung von Kindern und Kranken.

Basics

Eine gute Basis ist der Anfang jedes leckeren Desserts. Mit einer selbst gemachten Schokoladen-sauce oder eigens angerührtem Cashew-Mascarpone schmeckt jeder Nachtisch gleich doppelt so gut.

GLUTENFREIE MEHLMISCHUNG

Glutenfrei | Zeitaufwand: ca. 5 Minuten

Für 550 g:

150 g Vollkornreismehl
100 g Buchweizenmehl
100 g Maismehl
150 g Kartoffelstärke
50 g Maisstärke

Alle Zutaten mit einem Schneebesen oder in der Küchenmaschine sorgfältig miteinander vermischen und in einem verschließbaren Gefäß aufbewahren.

BIRKENPUDERZUCKER

Glutenfrei | Zeitaufwand: ca. 5 Minuten

Für 100 g:

100 g Birkenzucker (Xylit)

Den Birkenzucker im Häcksler zu Puderzucker mahlen (dauert ca. 1 Minute) und in ein sauberes Schraubglas füllen.

ZARTBITTERSCHOKOLADE

Glutenfrei | Zeitaufwand: ca. 10 Minuten plus Wartezeit

Für ca. 170 g:

100 g Kakaobutter
20 g ungesüßtes Kakaopulver
3 EL Ahornsirup, Grad A oder C

Kakaobutter im Wasserbad schmelzen. Mit Kakaopulver und Ahornsirup klümpchenfrei verrühren.

Ein Backblech mit Backpapier auslegen und die Schokolade daraufgießen. Kühl stellen, bis die Schokolade fest geworden ist, dann in Stücke brechen.

VANILLEEXTRAKT

Glutenfrei | Zeitaufwand: ca. 5 Minuten plus 6 Wochen Wartezeit

Vanilleschoten der Länge nach aufschlitzen und das Mark herauskratzen. Die Schotenreste in kurze Stücke schneiden und zusammen mit dem Mark in ein zuvor mit kochendem Wasser ausgewaschenes Fläschchen oder Schraubglas füllen.

Mit dem Wodka auffüllen und darauf achten, dass die Schoten komplett vom Alkohol bedeckt werden.

Bei Zimmertemperatur in einer dunklen Ecke der Küche 6 Wochen ziehen lassen. Am besten täglich kurz schütteln. Nach 6 Wochen ist der Extrakt bereit für die Verwendung.

Für 100 ml:

3 Vanilleschoten
100 ml Wodka

VANILLEEIS

Glutenfrei | Zeitaufwand: ca. 20 Minuten plus mindestens 1,5 Stunden Wartezeit

Cashewkerne in eine Schüssel geben, mit heißem Wasser bedecken und 1 Stunde einweichen lassen (alternativ in kaltem Wasser mindestens 4 Stunden). In ein Sieb geben und mit Wasser abspülen.

Cashewkerne mit Kokosmilch, Ahornsirup, Kokosöl und Vanilleextrakt im Standmixer cremig pürieren. In einer Eismaschine nach Herstelleranweisung zu Eiscreme verarbeiten.

Die Eiscreme entweder sofort servieren oder in eine Tupperdose füllen und bis zum Servieren tiefkühlen. Ca. 20 Minuten vor dem Servieren aus dem Tiefkühler nehmen.

Für ca. 500 g:

200 g Cashewkerne
200 ml Kokosmilch
60 ml Ahornsirup, Grad A oder C
20 g natives Kokosöl, geschmolzen
2 TL Vanilleextrakt, gekauft oder selbst gemacht (siehe oben)

CASHEW-MASCARPONE

Glutenfrei | Zeitaufwand: ca. 15 Minuten plus 5 Stunden Wartezeit

Für 4 Personen:

200 g Cashewkerne
100 g fester Anteil von einer 400-ml-Dose Kokosmilch*
80 ml Wasser
50 g natives Kokosöl, geschmolzen
4 EL Ahornsirup, Grad A oder C
3 EL brauner Rum

* Für dieses Rezept funktioniert am besten Bio-Kokosmilch, die außer Kokos und Wasser keine weiteren Zutaten enthält. Bei warmen Temperaturen sollte sie vor der Verwendung gekühlt werden.

Cashewkerne in eine Schüssel geben, mit heißem Wasser bedecken und 1 Stunde einweichen lassen (alternativ in kaltem Wasser mindestens 4 Stunden). In ein Sieb geben und mit Wasser abspülen.

Die Kokosmilch-Dose öffnen. Die Milch sollte aus einem festen und einem flüssigen Teil bestehen. 100 g vom festen Anteil abwiegen und zusammen mit den Cashewkernen und den übrigen Zutaten im Standmixer cremig pürieren. Es sollte eine feine Creme ohne Stückchen entstehen.

Den Mascarpone mindestens 4 Stunden in den Kühlschrank stellen, bis er fester geworden ist.

MANDELMILCH

Glutenfrei | Zeitaufwand: ca. 10 Minuten plus 6 Stunden Wartezeit

Für 1 Liter:

160 g Mandeln
1 l Wasser
1 EL Ahornsirup, Grad A oder C
1 Prise Salz

Die Mandeln über Nacht oder mindestens 6 Stunden in warmem Wasser mit 1 TL Salz einweichen. Nach der Einweichzeit in ein Sieb geben und gut abspülen. Mit den übrigen Zutaten im Standmixer pürieren.

Ein feines Sieb oder einen Nussmilchbeutel über einen Topf halten und die Milch hindurchgießen. Mit einem Löffel ausstreichen bzw. den Beutel ausdrücken. In einem verschließbaren Gefäß im Kühlschrank aufbewahren und innerhalb von 3 Tagen verbrauchen.

KOKOSJOGHURT

Glutenfrei | Zeitaufwand: ca. 20 Minuten plus 20 Stunden Wartezeit

Die Kokosmilch in einem Topf zum Kochen bringen. Die Maisstärke in einer kleinen Schüssel mit dem Wasser glatt verrühren. Sobald die Kokosmilch kocht, kurz vom Herd nehmen und die angerührte Maisstärke mit einem Schneebesen untermischen. Das Ganze unter Rühren zum Köcheln bringen und nach ca. 2 Minuten vom Herd nehmen und abkühlen lassen.

Wenn die Mischung nur noch handwarm ist, die probiotischen Kapseln öffnen und das Pulver mit dem Schneebesen unterrühren. Den Ahornsirup hinzufügen und alles gut vermischen.

Die Mischung nach Herstelleranweisung für 14 Stunden in eine Joghurtmaschine geben. Dann für weitere 6 Stunden in den Kühlschrank stellen. Anschließend in eine Schüssel füllen und mit dem Schneebesen cremig rühren. Im Kühlschrank aufbewahren und innerhalb von 4 Tagen verbrauchen.

Für ca. 700 g Joghurt:

2 Dosen Kokosmilch
2 EL Maisstärke
4 EL Wasser
3 probiotische Kapseln*
optional: 1 EL Ahornsirup, Grad A oder C

* bekommst du in der Apotheke, im Reformhaus oder online.

SCHOKOSAUCE

Glutenfrei | Zeitaufwand: ca. 5 Minuten

Alle Zutaten glatt miteinander vermischen und direkt verwenden.

Die Schokosauce wird bei Kontakt mit Eiscreme oder im Kühlschrank fest.

Für ca. 2 Portionen:

1 EL natives Kokosöl, geschmolzen
1 EL Ahornsirup, Grad A oder C
1 EL ungesüßtes Kakaopulver

ERDBEERSAUCE

Glutenfrei | Zeitaufwand: ca. 5 Minuten

Für ca. 8 Portionen

400 g Erdbeeren
50 ml Ahornsirup, Grad A oder C

Erdbeeren und Ahornsirup im Standmixer pürieren und durch ein Sieb gießen.

MANGOSAUCE

Glutenfrei | Zeitaufwand: ca. 5 Minuten

Für ca. 8 Portionen

1 reife Mango
1 EL frisch gepresster Limettensaft
2 EL Ahornsirup, Grad A oder C

Die Mango schälen, entkernen und das Fruchtfleisch würfeln. Mit Limettensaft und Ahornsirup im Standmixer pürieren.

HIMBEERSAUCE

Glutenfrei | Zeitaufwand: ca. 5 Minuten

Für ca. 8 Portionen

400 Himbeeren, frisch oder aufgetaut
50 ml Ahornsirup, Grad A oder C

Himbeeren und Ahornsirup im Standmixer pürieren und durch ein Sieb gießen.

REZEPTVERZEICHNIS

Nur für mich

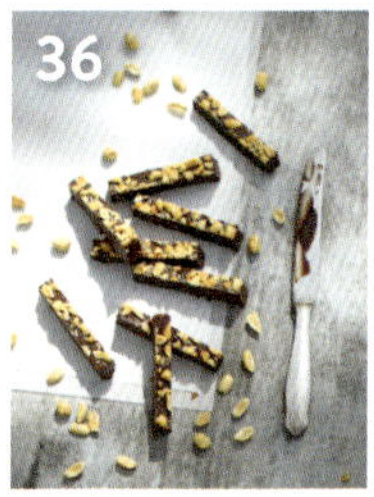

Für uns beide

Schoko-Himbeer-Kuchen

Orangen-Granita

Erdbeer-Kanten

Snickers-Pudding

Kokos-Himbeer-Chiapudding

Karamelleis

Schokomousse-Kuchen

Zitronenpudding

Avocado-Mousse-au-Chocolat

Blaubeer-Cheesecake-Eis

Für alle

Riesencookie zum Teilen

Goldene Birnen

Himbeer-Petit-Fours

Thai-Obstsalat mit Limettencreme

Zwetschgen-Tarte

Indischer Gewürzmilchreis

Apfel-Zimt-Kuchen

Gebackene Ananas mit Limettenjoghurt

WEITERE BÜCHER VON STEFANIE REEB

Süß&Gesund
Backen ohne Zucker, Laktose, Eier und Weizen

Schön&Gesund
Rezepte und Beauty-Tipps für strahlendes Aussehen

Süß&Gesund Weihnachten

Wellcuisine
Genießen, was gesund und glücklich macht

Süß&Gesund Weihnachten
Neue Rezepte

Ich, Lilly
Vom Glück, ein Hund zu sein, und was meine Menschen von mir lernen können

STEFANIE REEB
wellCUISINE
GENIESSEN, WAS GESUND UND GLÜCKLICH MACHT
KNAUR
BALANCE

Besuchen Sie uns im Internet:
www.knaur-balance.de

MIX
Papier aus verantwortungsvollen Quellen
FSC® C084279
FSC
www.fsc.org

Originalausgabe 2019
Copyright © 2019 Knaur Verlag
Ein Imprint der Verlagsgruppe Droemer Knaur
GmbH & Co. KG, München.

Alle Rechte vorbehalten. Das Werk darf – auch teilweise – nur
mit Genehmigung des Verlags wiedergegeben werden.

Umschlaggestaltung: Stefanie Reeb
Umschlagabbildung: Thomas Leininger
Design: Stefanie Reeb
Fotografien: Thomas Leininger
Redaktion: Anke Schenker
Layout und Satz: Stefanie Reeb
Druck und Bindung: Print Consult GmbH, München
ISBN 978-3-426-67585-4

5 4 3 2 1